もっと知りたい埼玉のひと

本多 靜六

緑豊かな社会づくりのパイオニア

遠山 益 著

埼玉県有林（埼玉県秩父市大若沢）本多が寄付した山林を母体として「埼玉県中津川県有林」とよばれている

写真：埼玉県農林部提供

明治神宮の森（東京都渋谷区）

明治神宮　本多靜六は造林園芸担当の一人として明治神宮の森づくりにかかわった。人工的に造成した神宮の森は大都市の中央部に、植物生態学の理論を踏まえた模範的なものとなった。本多らの考えは、百年後には人工の森が自然の森と見紛うほどの林相となり、しかも永遠に存続する森を造ることであった。　写真：明治神宮提供

日比谷公園　主に本多案によって公園の大要ができあがった日比谷公園は、日本で初めての洋風公園として開園した。現在もビジネス街の緑のオアシスとして役割を果たしている。

布引の滝　明治時代、六甲山系ははげ山が多く、災害、伝染病などが多発し深刻な状況だった。本多は当時の神戸市長に依頼され、ドイツ留学時代に学んだカール・ガイエル博士の造林思想を生かし、四季折々森林の美しい、心身ともに憩いの場となり、今日的な自然公園としての機能を発揮できる森林を目指した。

日比谷公園　雲形池・鶴の噴水（東京都千代田区）

六甲山系の布引の滝（兵庫県神戸市））

本多静六が生涯を通して取り組んだのは、造林や造園というと汗の臭いのする分野で、華やかな仕事とはほど遠いものでった。しかし、全国各地におよぶその功績は、今日の私たち生活の中にとけ込み、多くの恩恵を受けている。

鶴ヶ城公園（福島県会津若松市）

北海道東大演習林（富良野市）

鶴舞公園（愛知県名古屋市）

鉄道防雪林（青森県野辺地町）

はじめに

本多靜六の伝記に関するまとまった書物としては、次の二冊が挙げられる。

一冊目は、『本多靜六体験八十五年』という自叙伝である。この本は昭和二十七年（一九五二）講談社から出版された。彼は同年一月二十九日、静岡県伊東市の国立療養所で死去したので、本多の絶筆である。本書はかなり広範囲な公的私的な活動を巧みに包括した内容で、本多の伝記の原典となっている。

本多は校正を終えて、印刷中に死去したため、関係者のほとんどの人たちが、本書の刊行を知らなかったという。存命中であれば、近親者や門弟らに広く寄贈されたはずであるが、本多の後継者である中村賢太郎教授でさえ、出版を知らず、かなり後年『林業先人伝』に「本多靜六先生」の執筆依頼を受けて、準備している際に初めてこの本の存在を知ったそうである。

次に、武田正三著『本多靜六伝』がある。昭和三十二年（一九五七）、埼玉県立文化会館から、埼玉県人物誌シリーズ第五編として刊行された。その内容には、本多が、困難と戦いながら常に希望を失わず、一途に努力して、ついに大学者になり、国家社会のために偉大な貢献をしたという思想が一貫して流れている。

また、この『本多静六伝』には本多に関心をもつすべての人びとに利する大きな特徴がある。それは彼の生涯にわたって執筆したほとんどすべて、三七六冊の著書をリストアップして、頁数・発行年月・発行所などを明記したことである。パソコンやスマホなどのない時代に、これだけ検索調査することは容易な作業ではなかったと察せられる。

この二冊の本多静六伝記が出版されてから六十年以上も経過した。

第二次世界大戦終結（昭和二十年＝一九四五）後、わが国では衣食住すべての分野で物資不足とインフレで、経済的生活は困窮を極めた。社会的・文化的・自然環境的にも激動の七十余年を体験して今日に至っている。時間の経過とともに日本人の心にはものの見方、考え方、自我の意識などに大きな変化が生まれているといえる。

これらの背景のうえに立って、さきたま出版会では「もっと知りたい埼玉のひと」シリーズを企画した。とり上げた偉人たちに二十一世紀の新しい光を当てて、彼らの人となりや社会貢献などを再評価すれば、新鮮味のない二番煎じには陥らないだろう。

テレビや新聞雑誌などでとり上げられる機会が増えたからか、ごく近年になって、本多静六の名は世間で少しずつ知られるようになった。永い間、彼の名は埋もれていた。それは彼の職業が造林や造園という汗と泥の臭いがする地味な分野であったからだろう。

しかし、地球環境問題、人間と自然との共生などが緊急を要する課題として論議されるようになった昨今、本多らの社会貢献にも光が当たるようになってきた。

それでも一般市民の間で、本多の名を知る人は多くない。知る人びとの多くは、「蓄財の神様」、「人生成功の指南役」など本多のニックネームによってである。

本多は本業の東京帝国大学（現・東京大学）教授として、子弟の教育や彼自身の研究はいうに及ばず、在職中から停年退官後も、国内各地の造林・造園・都市計画などに卓越した社会貢献を実行した。

本書は、さきたま出版会の企画方針に沿って、青少年をはじめ、広く一般市民に読んでいただけるよう、やさしく、読みやすく、理解しやすいように留意して執筆した。本多が専門とした造林・造園の分野だけでなく、広く本多の人生観・社会観、さらに彼の私的生活など、多くのエピソードを組み入れて、興味をもって読破していただけるよう配慮した。

読者の皆様方から、読後のご感想、ご意見、あるいはご質問を頂戴できれば有難いことです。

遠山　益

もくじ

❶ 激変の少年時代

折原（旧姓）靜六は慶応二年（一八六六）七月二日、埼玉県南埼玉郡河原井《かわはらい》村（現・久喜市菖蒲町字三箇）で折原家の第六子として生まれた。兄弟姉妹は八人であったが三人は早世したので、兄二人、姉・妹と靜六の五人であった。折原家の祖先は藤原鎌足の子孫、折原丹後守に始まる。折原丹後は戦乱相次ぐ世を嘆き、武士を捨てて、一族郎党を引き連れて武州河原井に移って農業を始めた。

河原井村は利根川と荒川に囲まれ、当時この地は石河原で雑木林や雑草が繁茂した荒廃地であった。河原の中に清水の湧く井があったことから河原井の地名が生まれた。

折原丹後は晩年折原長左衛門と改名し、慶長七年（一六〇二）に病没したが、その子孫は代々村長をつとめ、村一番の豪農であった。とくに第十代友右衛門は信心深く、私財を投じて村人に尽力した。そのため明治二十四年（一八九一）、満七十八歳の時、不二道孝心講*の第十代大導師に推挙された。

第十代友右衛門の長男禄三郎が靜六の父である。折原家では朝夕不二道のご法会歌を一家で唄うのが常であった。

父禄三郎は埼玉第十八区の副区長として、毎日桶川町役場まで乗馬で通勤していた。母は家事に追われていたので、靜六は曾祖母や

*不二道孝心講　富士山を信仰する「富士講」から分かれた宗派。鳩ヶ谷（現・埼玉県川口市）に生まれた小谷三志によって確立された。従来の富士講が迷信や形式を重んじていたことから、これを改め、質素倹約・勤労奉仕・夫婦和合などの日常的道徳実践を説いたのが特徴。また、天下国家などへの報恩を具体的に示すためとして、社会奉仕事業として道路・橋・堤防などの土木改修工事を行った。大正5年（1916）4月6日より5日間、明治神宮の造営奉仕にも従事した。その総数1,232名。

つと祖父の手で育てられた。静六は幼少の頃から近所の餓鬼大将で、腕白坊主でもあった。

しかし、十歳年長の兄金吾は、もの静かで、温厚で、勉学好きであったから、岩槻藩の塾

本多静六の生家・折原家　昭和 18 年頃（久喜市蔵）

「遷喬館」に入って、塾長の島村（旧姓・橋田）泰先生宅に寄宿して和漢の書を学んでいた。

明治五年（一八七二）八月学制が公布されて、静六は村の小学校に入学した。校舎は幸福寺で、教室は本堂であった。学ぶことは主に漢学であるが、遊び好きの静六は勉学に身が入らず、学業成績もよくなかった。

それから程なく、明治九年四月八日、父禄

岩槻藩遷喬館（さいたま市岩槻区）
埼玉県で現存する唯一の藩校の建物
県指定文化財（花野井均氏提供）

三郎が突然脳溢血で倒れ、一夜のうちに亡くなった。享年四十歳の若さであった。禄三郎は長く名誉職についていたせいか、千円もの借金を残して逝った。

折原家ではこの苦難を乗り切るため、一家を挙げて*水行塩菜《すいぎょうえんさい》の緊縮生活を余儀なくされた。父の死を転機として、静六は登校前に近くの土手で草刈りをやり、冬になると草刈りの代わりに馬糞拾いをした。学校から帰ると麦踏みやその他の農作業を手伝った。このような農作業を手伝えば手伝うほど、不思議に勉学にも熱が入るようになり、静六の学業成績はぐんぐんと向上した。

静六が初めて通った学校・幸福寺。左の大木は子どもの頃によく遊んだというサイカチの木（久喜市蔵）

　この頃のある日、浦和県（現・埼玉県）から立派な官員様（役人）が来て、折原家で昼食をとった。祖父は「あの方は月給百円も貰っている人だが、大変質素な人だ」とささやいた。「百円も貰う人になるにはどうすればよいのか。やっぱり勉強する以外に道はないのか」と静六は考えた。

　いまの折原家では上京して学問をさせる余裕は全くなかった。そこで静六は家業を手伝

＊**水行塩菜**　温水浴の代わりに冷水浴。朝食は、飯と塩だけの苦行のような質素な生活。

いながら、夜間は小学校の先生に漢学などを学んでいた。ある時「東京に行って勉強したい」と言い出したところ、祖父は強く反対し、母も賛成しなかったが、金吾兄だけは賛成し、同情してくれた。

その後程なく、折原家の借財が返済できたのを機会に、祖父に上京の許しを得て、母も賛成してくれてやっと念願を達した。しかし、上京の期間は農閑期の半年（冬から早春）で、農繁期は実家の農作業を手伝う約束であった。

明治十三年、静六が十四歳の秋、いよいよ幸手町の伯父（母の兄）金子茂右衛門につれられて、甥の茂樹（十二歳）とともに島村泰先生宅の玄関番兼書生*として住み込むことになった。

この頃島村先生は東京四谷仲町一丁目（現・赤坂御所近くの堀端）に転居し、大蔵省二等属となり、旧大名の広い屋敷址に住んでいた。静六と茂樹は毎朝早起きして、内外の掃除と雑巾掛けをし、来客のときは取り次ぎ、茶菓を持参し、給仕も手伝い、よく働いた。

一方、静六は昼間の手の空いているときは、四谷見附にあった「伐柯塾《ばっかじゅく》」で英語を学び、夜は島村先生から漢学を学んだ。学問への志は消えなかった。約束通り静六は春には郷里に帰って農作業を手伝った。当時折原家では田畑十二町歩（十二ヘクタール）を所有して、そのうち二町歩を自作していたから、静六の手助けは大いに助かった。静六は農作業のなかでも米搗き《こめつ》*を選んだ。それは読書をしながらでもできたからである。

こうして静六は東京での書生と郷里での米搗きをしながら、十四歳から十七歳までの間、変則的な勉強を続けたのであった。

＊**書生**　とくに明治・大正期に他人の家に寄宿し、家事を手伝いながら勉強する男子。多くは玄関側に書生部屋があって、玄関番を兼ねていた。
＊**米搗き**　玄米を搗いて白米にすること。明治・大正時代頃まで、玄米を臼に入れて杵で搗いてぬか層と胚芽を取り除いた。このための簡単な木製の機具があった。

❷ 山林学校入学後、本多家の婿養子に

明治十六年（一八八三）十一月のある日、島村泰先生が「昨年西ヶ原（旧王子区、現北区）に山林学校が開校された。ここは半官費で授業料も安いから、受験してみないか」と奨めた。当時靜六は将来の志望を決めていなかったので、すぐこの話に乗った。靜六が生涯を捧げた林学・林業への動機はかくも単純なものであった。

急いで準備をして、翌十七年二月十四日〜十六日の三日間受験に臨んだ。二十八日の成績発表では五十名中五十番目にやっと合格した。三月一日に入学し、半年分の授業料と寄宿舎費で二十五円納入した。級友はみな中学校か師範学校の卒業生で、靜六のような学歴の者はいなかった。靜六は幾何や代数などの基礎科目は付いて行けなかった。一学期の試験ではこの両科目で落第点をとった。

「いっそ死んで母や兄にお詫びしよう」と自殺を決行したが、死に損なってしまった。故郷を離れるとき激励してくれた祖父の顔が浮び、もう一度奮起した。その後の島村先生の温情あふれる対応と、慈愛ある励ましの言葉に接して、靜六は急に目の前が明るくなり、雪辱への努力を誓った。

発奮した靜六は猛烈に勉強に打ち込み、エキス勉強法（大切な部分を抜き出して要約した

ものを学ぶ）を考案して、いつどこにいてもポケットから要約を出して学べるようにした。

山林学校は明治十九年七月、駒場農学校と合併して、東京農林学校として発足した。合併に際して試験の上編入部科を決定した。静六は川瀬善太郎・河合鈰太郎（両名とも後に東大教授）らとともに、予科三年に編入された。

これまでの山林に関する一般専門科目は一旦中断して、一年間は普通学科（語学・数学・法学など）を学び、翌年本科生となった。

林学の教授は松野礀《はざま》（主任）、志賀泰山（東京大林区署長兼務）、ドイツ人のグラスマン、マイエルの四人であった。静六は相変らず勉学に打ち込み、本科一年のときは次席、二年のときは首席になった。しかし、当時、林学科出身は、立身出世の展望は開けておらず、世間では「山林」は、「三厘」よりも軽いなどと扱われていた。級友が士官学校*やその他へ転学するのをみて、成績優秀な静六でさえ自分も転学しようかと考えたが、「どうして

恩師　松野　礀

恩師　志賀　泰山

（『明治林業逸史』大日本山林会より転載）

＊**士官学校**　陸軍士官学校のこと。陸軍の幹部将校を養成するための主要な教育機関。明治７年（1874）に設置され、昭和20年（1945）まで存続した。

東京農科大学 学生時代（明治 21 年）
（久喜市蔵）

もというのなら、まず今の学校を卒業したうえでやれ」と知人から厳しく忠告された。

　ところがあるとき、校内の掲示板に「品行方正で学術優秀な者に対して、官費で海外留学を命ずる」と告示が出たので、学生たちはそれを目標に勉学に励んだ。しかし、学則改正によってこの件は立ち消えになって、学生たちは意気消沈したが、靜六は頭の中から海外留学の希望は消え去らなかった。

　本多《ほんだ》家の一人娘・銓子《せんこ》との縁談が持ち上がったのは、本科二年生の終わりに近い春であった。銓子の父本多晋《すすむ》（彰義隊頭取）が主席の男を推薦してほしいと松野磵に申し入れた。まだ勉学の途上だからと靜六は何度も辞退したが、農林学校教授の中村弥六までが「僕らの顔を立てるつもりで、見合いだけしてきてくれ」と言う。結婚などまだ考えていなかったから、諦めてくれることを願って、野人のような服装と態度で見合いの席についた。しかし、晋と銓子にすっかり気に入られた。

　本多家では郷里の靜六の母や兄を説得し、島村泰未亡人までが靜六の説得にかかった。靜六の海外留学の希望を本多家は快く受け入れていた。しかし、靜六は決断ができないまま、天城山湯ヶ島での林学実習に行った。実習中に、宿舎に届いた手紙を親友の河合鈰太郎がみつけて、この縁談を受け入れるよう熱心に勧告したので、静六はやっと決心がついたという。

明治二十二年五月、本多家の婿養子として本多静六となって、旧芝区新堀町（現・港区芝園橋近く）の本多家邸宅から通学することになった。これまでの六畳間で河合との二人の下宿生活から、いちどきに大名のような生活になったが、静六にとっては何か物足りなさを感じ始めていた。

当時東京農林学校では、学生は三月までに学科を終え、四月から六月まで地方に出て実施演習を行うこと。その間に卒業論文の資料を集め、六月に論文をまとめて提出し、卒業試験を受けて、七月に卒業するという規定であった。

静六は二月に論文を完成し、当時農商務省次官を兼任していた前田正名学長を次官室に訪ねて、ドイツへの私費留学を願い出た。留学先をドイツとしたのは、当時ドイツ林学の教育と研究は、世界最高水準にあったからである。学長はこれまでにない例外を認め、三月五日付けで「当学期間実施演習のためドイツ国へ自費留学を命ずる」という辞令を出した。このとき静六は本科三年生であった。

その後間もなく明治二十三年六月東京農林学校は帝国大学に吸収合併され、農科大学と改称した。静六らの七月卒業予定者は、東京農林学校卒業となっているが、本科の卒業生は当然学士である。

静六は、志賀や諸先輩の留学先で、とくに志賀が強く推薦してくれた、ドイツのターラント高等山林学校に留学を決めた。かねてからの念願が叶って、静六は明治二十三年三月二十三日、ドイツ留学へ旅立つことになる。

❸ カルチャーショックのドイツ留学

明治二十三年（一八九〇）三月二十三日、本多は家族や友人らに横浜港で見送られ、フランス船ゼムナ号で、まずは一路フランスのマルセイユに向けて出航した。横浜で乗船した八人の日本人のうち、三等船室客は本多だけであった。

当時逓信省参事官であった坪野平太郎とこの船旅で同船したことが縁となって、厚い信頼と友情が生まれた（❼参照）。

この船旅の様子は、「本多静六通信」*に詳しい。

マルセイユに到着し、汽車を乗り継ぎ、五月八日（出航四十七日目）に目的のターラントにたどり着いた。ターラントは人口二千人ほどの小都市で、ここに有名なターラント高等山林学校があった。

本多が留学先をここに決めた理由は、①恩師志賀泰山の紹介による。先生自身もここに留学していた。②当時、林学とくに森林経理学の世界的権威ヨハーン・フリードリッヒ・ユーダイヒ博士が校長として在職していた。志賀はユーダイヒ博士の信任が厚く、まるで父子のような間柄であったという。

本多の下宿は一階がレストランで、山林学校に隣接しているので、学生や教師らが利用している。本多の部屋は二階にあった。

＊**本多静六通信**（久喜市発行）　平成4年10月より本多静六博士顕彰事業の一環として発行されている。「本多静六博士を顕彰する会」編集。第十号「明治二十三年洋行日誌」（平成 10 年 5 月 26 日発行）に横浜出港時の模様から同年 8 月 17 日までの 38 日間のわたる航海とその後のドイツ国ターラントでの生活の様子が記されている。

翌日五月九日（金）本多は志賀の紹介状をもって、ユーダイヒ校長に面接し、簡単な入学手続きを終えて、いよいよ通学することになった。

山林学校の学生は七十人。いずれも二十歳以上で、本多を温かく迎えてくれた。生活程度は高く、授業のないときは、生活に慣れ、言葉を覚えるため、近所の子供たちと遊んだ。日曜日の午前は近くの教会に行き、午後は学友や先生方の家族と一緒に周囲の山里や農村に遊びに出かけた。

しかし、わずか半年でこの思い出多いターラントを去り、博士号を取得するため、ミュンヘン大学に転学することにした。

この間ユーダイヒ校長の高潔清廉な人間性に触れ、山林学校の組織・運営・施設など

ヨハーン・フリードリッヒ・ユーダイヒ
ターラント高等山林学校校長
（『明治林業逸史』大日本山林会より転載）

ターラント高等山林学校（森林アカデミー）
本館（川の右側白い建物）と講義棟）手前川の左側建物）
（『明治林業逸史』大日本山林会より転載）

ドイツ・ミュンヘン大学時代（明治25年頃）
（本多静六記念館蔵）

すべてが本多にとっては強烈なカルチャーショックであった。いつの日かわが国でもと本多は固く心に誓った。

明治二十三年十月六日夜、町の牧師や友人知人に見送られて、翌七日、ミュンヘンに到着した。早速ミュンヘン大学国家経済学部林学科に転学手続きをすませた。日本人留学生が六人もいたので気安さを覚えた。恵まれた環境の中で本多は勉学に熱中した。教授や学生も親切で、なかでもウェーベル教授はよく面倒をみてくれた。

転学して一月後に養父から思いもかけぬ大変な手紙が届いた。それは留学費として預金しておいた四千円は銀行の破産によって以後送金できないとの便りであった。

本多は茫然自失したが、幸いにも持参した金がまだ千円ほど残っていた。これからは生活費を切り詰め、可能な限り短期間に博士号を取得しようと決心し、早朝七時から夜七時まで受講し、帰宅後は宿題をやり、毎夜三〜四時間の睡眠であった。まさに超人的な努力であった。

ウェーベル教授は本多に同情し、その努力に驚嘆して、まだ一年も経っていないのに「ドクトルの試験を受けてみよ」と勧めてくれた。

本多は心から感謝し、夏休み中、南アルプ

スの山小屋にこもって論文作成に打ち込んだ。これを学友のヘンリー・バドウ君（後チューリッヒ大学教授）に添削修正してもらったおかげで、論文は難なく突破した。

次の口述試験は各教授と約三十分間、質疑応答する。難物は財政学のブレンタノ教授であった。彼は「本多の受験は無理だ」と反対していたが、ウェーベル教授が弁護してくれて、試験だけは受けることになった。

本多はブレンタノ教授の種本を暗記しようと努力したが、なかなか進まない。

留学に旅立つとき養父は、家代々の宝刀を餞《はなむけ》として本多に渡した。これは「学成り業遂げずんば潔く切腹せよ」の意味と本多は考え、一時は切腹を決意したが、「切腹はいつでもできる」と気をもち直して、暗記に挑戦した。

口述試験当日、各教授の質問に答弁が終わり、最後のブレンタノ教授は三十分を過ぎても、意地悪な質問を繰り出した。本多はこれに反論したが、理に適っていたので、落第させられなかった。

最後は演説討論試験である。本多はイザー河の滝の下、積雪三尺（約九〇センチ）の中に立って演説の練習を続けた。三月十日大学講堂は満席であった。演壇の左右には礼服の教授たちが並んでいる。一時間の演説討論が無事終了して、降壇した。

すると、大学総長が「ドクトル本多おめでとう」と握手を求めたが、感涙に咽び総長の顔はよく見えなかった。

こうして、本多は無事合格した歓喜と感激に酔いながら、想いは遠く故国に飛び、肉親や師友の恩誼《おんぎ》に厚い感謝の念を捧げた。

❹ 造林学者として出発

明治二十五年（一八九二）三月十日めでたくドクトルの学位を取得した本多は、ロンドン・アメリカ・カナダを経由して、バンクーバーから五月二十八日無事横浜港に着き、懐かしい故国の土を踏むことになった。

志賀泰山教授や諸先輩の推挙により、七月二十六日付で東京農科大学林学科第二講座（造林学）の助教授に就任した。当時林学科（本科）の担当教授は、志賀泰山教授のほか、マイエルとグラスマンの両ドイツ人だけであった。本多の就任に当たって、松井直吉学長は一躍教授にと考えていたが、本多は「先輩である白井・守谷両助教授の上に立つのは心苦

大正時代の帝国大学農科大学

しい」と辞退した。

間もなくマイエル教授がドイツに帰国したので、その後任を全部本多が引き受けることになった。担当講義は本科と実科（当初は乙科）の造林学・保護学・林政学・林学通論で、講義時間は週二十数時間にも及んだ。

さらに、大隈重信の依頼により明治二十七年五月から早稲田専門学校（現・早稲田大学）の林政経済学と農政経済学も担当することになって多忙を極めた。しかし、準備の手抜きはしなかった。

東京農科大学助教授時代
明治26年頃（久喜市蔵）

明治三十一年学位令が改正され、農・林・獣医・薬の四種が追加新設されたので、「森林植物帯論」という論文を提出して、翌三十二年三月わが国初の林学博士となった（❽参照）。翌三十三年六月農科大学は東京帝国大学に合併され、同年、教授に昇格した。以後、昭和二年（一九二七）三月、停年退官するまで、多くの子弟を教育し、官界・学界・業界に優秀な人材を送り出した。他方、本多自身は職人たちがやる山林業を発展させ体系化して、造林学という学問領域にまで高め、『本多造林学大系』十九編二十二巻の大著を世に出した。こうして、名実ともに第一級の造林学者として活動することになった。

本多は、東京農林学校の学生時代にはマイエル博士の造林学を聴講し、ミュンヘン大学時代もガイエル、マイエル両博士によるミュンヘン学派の流れを汲む造林学を学んだ。

ドイツ留学中に実体験した演習林の必要性を痛感し、各方面の協力を得て、千葉県清澄山にこれを創設した（❻参照）。対外的には鉄道防雪林の効用を渋沢栄一に説き、早速東北本線の防雪林の創設に尽力した（❺参照）。

このように帰国早々造林で活動した。造林学のミュンヘン学派の真髄とはどういうものか…、カール・ガイエル博士の学説を紹介すれば理解できるだろう。

ガイエル博士は林学（造林学）の世界的権威者で、本多がミュンヘン大学に転学した一八九〇年（明治二十三）、学長職にあり、翌年には高齢（六十八歳）のため退職した。

本多の恩師であったマイエル博士がガイエル博士の後継者として正教授に就任し、ガイエルの次のような造林思想は正しく継承された。

ドイツでは十八世紀から十九世紀前半にかけて、山林は木材生産を目的とし、単一樹種による一斉造林と、その後の皆伐*が主流であった。ガイエルはこのような人工植栽による針葉樹同齢単純林を造成し、施業する基調に強く反対し、天然更新*と混交林*を重んじ、自然に順応した施業をすべきことを説いた。

ガイエルが多年主張していた理論と実際の造林思想を盛り込んだ名著『造林』（一八八〇）と、『森林』（一八九一）から彼の造林思想を抄録すると、①立地に適合した混交異齢林を造成すること。②絶えず間伐を行って発生する材木を規則正しく撫育《ぶいく》*すること。③天然更新によって、林分を造成すること。

総括すれば、森林施業は自然に帰り、自然

＊**皆伐**　一定範囲の林地にあるすべての樹木を伐採すること。皆伐は木材収穫上効率的で、跡地の造林も容易であるが、皆伐によって失われる森林の公益機能（治山・治水・環境保全など）が問題になる。

＊**天然更新**　自然の力によって次世代の樹林を育てること。種子が地上に落下して、発芽し成長する場合（天然下種更新）と、樹木の根株から発芽（萌芽）して成長する場合がある。人工造林に対する語。

の法則により、自然のすべての生産力を利用することである。一語句でガイエルの森林思想を記述すれば「自然に帰れ」である。

本多の造林思想に大きな影響を与えたもう

東京帝国大学農科大学教授時代 〇印が本多
(『本多静六伝』武田正三より転載)

一人のドイツ人林学者がいた。ガイエルとほぼ同時代に活躍したハインリッヒ・フォン・ザリッシュであった。彼は一八八五年に出版した主著『森林美学』の中で、造林を合理的、計画的に進めるには、木材資源という経済的立場、あるいは治山治水などの国土保全的視野だけでなく、森林の美的配慮を加えるべきことを強く主張した。それは当時のドイツでは、人為的画一的な造林が支配的であった背景があったからである。彼は経済性追求の造林と美的配慮の造林とは矛盾しないと説いた。

ガイエル、ザリッシュ両博士の造林思想が世界的に広まり、理解され、それらが受け入れられるのに長い年月はかからなかった。

本多の造林・造園・都市計画など広範な仕事の根底には共通した思想が流れている。それはこの二人の造林哲学であろう。

＊**混交林** 2種類以上の樹木(針葉樹と広葉樹など)から構成される森林をいう。下木などの低木類は対象としない。単純林(純林・一斉林)に対する語。
＊**撫育** 森林の健全性と林木の成長や材質の向上のため行う手入れのこと。具体的には、立木密度を調節する除伐や間伐、材質を向上させる枝打ち、林地の生産力の維持向上、林木間の競争の緩和(光条件など)が含まれる。

❺ 鉄道防雪林の創設

本多はドイツ留学から帰朝して、明治二十五年（一八九二）七月農科大学助教授に就任した。その翌年には社会貢献第一号として、鉄道防雪林*の創設に尽力した。

日本財界の大立者である渋沢栄一は、同郷（埼玉県）の若い学者がドクトルの称号を取得して帰朝したというので、歓迎の宴を催してくれた。たまたまその席で本多は「ドイツ、オーストリア、カナダなどでは鉄道防雪林が大きな効果を上げているので、わが国でも実施してはいかがでしょうか」と提案した。渋沢は早速日本鉄道株式会社の社長曽我祐準にその旨伝えた。曽我社長の対応は素早かった。

弱冠二十六歳の青年助教授はこうして鉄道防雪林創設という国家的大事業を背負うことになった。このようにスピーディーに事が運んだのは、合理的で公利公益主義の偉大な渋沢が背後にいたことはいうまでもないが、古来自然を愛し、自然と共生する文化を構築してきた日本人の国民性にもよると思われる。それは自然を力で征服する硬直な文化ではなく、自然に順応する柔軟な文化であった。したがって、自然災害から生活を守るのに、自然の力を借りるという習慣があった。それゆえ、常日頃から自然を大切に保全する考えが、民衆にも為政者にも広く理解されていた。鉄

＊鉄道防雪林　吹雪や地吹雪による雪が、とくに鉄道の上に吹きだまりをつくるのを防止、軽減するために設けた森林のこと。林帯幅は広く（30メートル以上）、樹高は高いほど、樹冠密度は大きく、枝下高が低いほど、防雪効果は大きい。

道の雪害は降り積もった雪にというよりも、降雪が強風で吹き飛ばされる、いわゆる地吹雪によって、局所に吹きだまりをつくることによる。それゆえ防雪林は地吹雪を林内やその周辺に堆積させて、鉄道線路上に吹きだまりを少なくするよう機能する。そのためには防雪林は林幅が広く、樹林密度が高いほど防雪効果は大きい。樹種は落葉樹よりも常緑樹（スギ、ヒノキ、アスナロなど）が効果的である。

　本多と愛弟子山田彦一が設計した防雪林の構成様式は、林幅が六十間（約一〇〇メートル）、樹林密度は、野辺地地区では一・七ヘクタール当たりスギ二一一九〇本、カラマツ一〇〇〇本で現行の植栽密度一ヘクタール当たり三〇〇〇〜五〇〇〇本に比べてかなり大きい。

　明治二十四年九月、東北本線は全通したが、

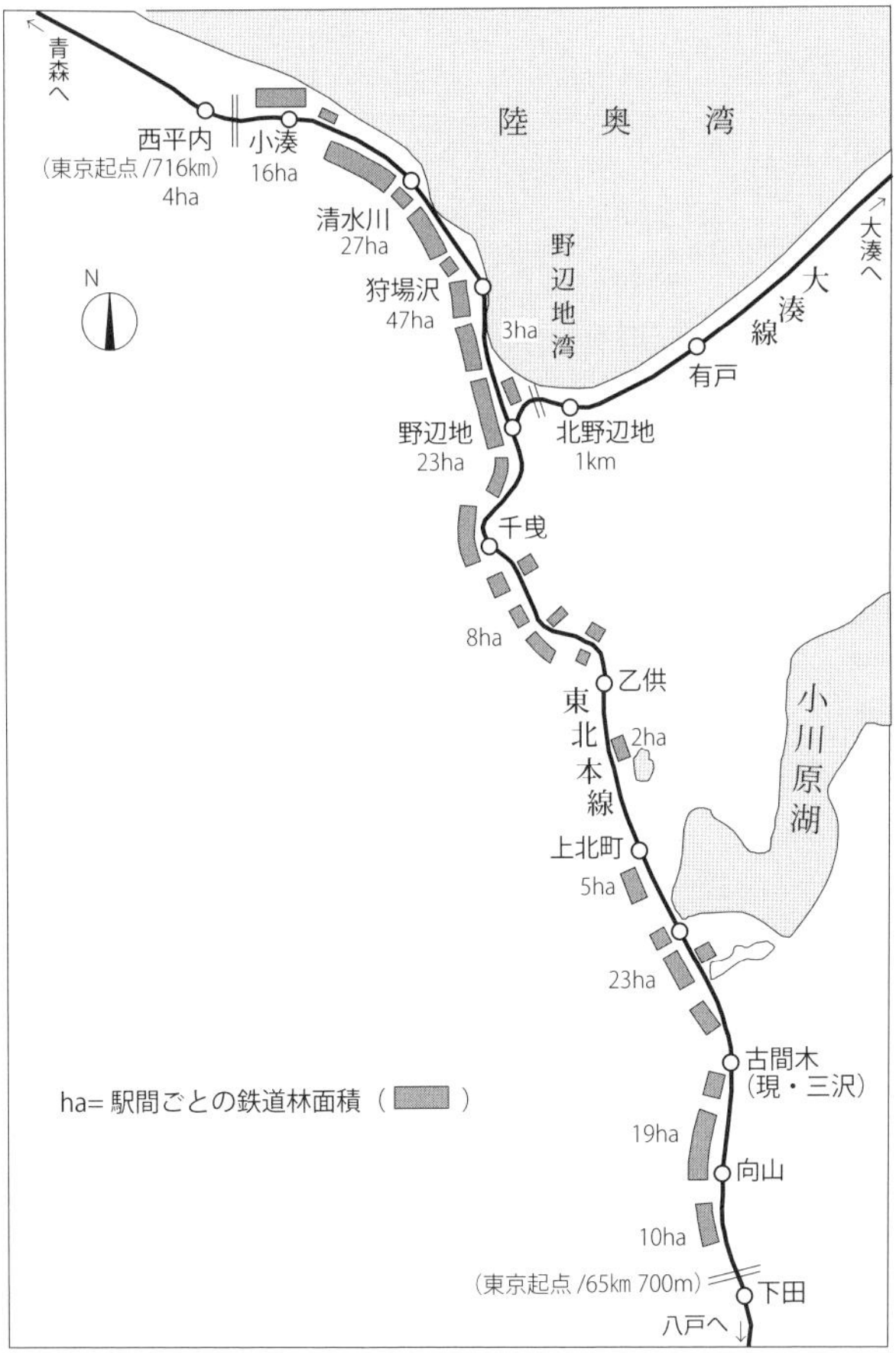

東北本線（青森県内）鉄道防雪林分布図（「野辺地保線区調査記録」参考作図）

当時の野辺地保線区の記録によると、吹き溜まりに入った列車はしばしば立ち往生し、救援列車が来るまで何日も雪の中に閉じ込められたという。この事態に備えて、乗客のため食糧、飲料類、暖房用として薪、木炭、湯たんぽなどを積み込んでいたという。本多らの計画に沿って、明治二十六年五月一日一斉に造林を開始した。このときの造林場所は、水沢〜厨川（岩手県）間三・六ヘクタール、下田〜小湊（青森県）間四五・九ヘクタールであった。植栽後十年近くは防雪効果が十分でなく、従前通り多額の除雪人夫賃を支払ったので、この事業は不評を買った。

本多静六の揮毫になる「防雪原林」の碑
（青森県野辺地町）

しかし、樹木の成長とともに、防雪効果は顕著になり、全国各地の降雪地帯ではそれぞれ鉄道防雪林を造成することになった。防雪林効果は災害発生がないと、一般に認識され難いが、災害復旧や補償に要する多額の費用を勘案すれば、防雪林の保全経費は決して高いものとはいえない。

いまやわが国の鉄道防雪林の総延長は一三〇〇キロメートル、面積は一〇九〇〇ヘクタールに達し、世界有数の規模に成長した。昭和十五年（一九四〇）野辺地駅*のプラットホームの向かい側のスギ林内に「防雪原林」の碑が建てられた。これは高さ一丈余り（約

＊野辺地駅　現在の駅名は「青い森鉄道線 野辺地駅」となっている。

三メートル）の自然石を用い、表面には当時七十四歳の本多の揮毫になる防雪原林の大文字が、裏面にはその由来が刻まれている。また昭和二十二年五月には、明治二十六年創設の防雪林の一部を鉄道防雪原林として永く保存することになり、野辺地駅構内のスギ林をはじめ四か所が鉄道記念物に指定され、「鉄道記念物指定地」の標柱が建てられた。

JR 野辺地駅近くの鉄道防雪林記念板

　本多は数多い社会貢献のなかでも鉄道防雪林に思い入れが深い。単にその創設に関わっただけでなく、生涯にわたって防雪林に愛情を注ぎ、防雪林保全にあたる係員たちの指導にも情熱をもやした。

　明治・大正・昭和という激動の百年間、東北本線は、東京から北国へ近代産業が生み出した産物を届けただけでなく、新しい文化をも運んだ。日本の近代化に陰ながら貢献した鉄道防雪林は、先人たちの筆舌に尽くせない苦労の末に実現した。東北本線が第三セクターに移行した現在、防雪林が鉄道のスピード化と採算性の犠牲になることなく、文化遺産として永く後世に残り、緑の環境の一翼を担って、大切に保護されることを本多も願っているだろう。

❻ 大学演習林を創る

日本における大学演習林*の創設に本多静六は主役的な功績を残した。

演習林実現に直接力を貸してくれた志賀泰山は、農林学校時代の本多の恩師であり、当時農科大学の教授であった。

志賀がターラントの山林学校に留学している間に、文部省学務局長の浜尾新が欧州視察にやって来た。浜尾は志賀の兄、志賀雷山の教え子であり、志賀が大学南校*に入学したとき、浜尾は舎監であった。そのため浜尾と志賀は生涯親子のような愛情と信頼で結ばれた関係にあった。

浜尾はドイツ各地の林業を視察し、わが国の林業の振興とその教育の必要を痛感した。ターラント山林学校では、裏手に数千ヘクタールの演習林があって、いつでも実習・研究ができ、林業として経済的収益も大きいことを見聞した。帰国後間もなく、浜尾は帝国大学総長に就任した。

房州清澄寺の上地林*であった三八〇ヘクタールの国有林の位置と林相*が大学演習林に相応しいと考えた志賀は、明治二十六年（一八九三）この地を農商務省から大学へ移管する計画を立てた。浜尾総長も賛同して協力を惜しまなかった。農商務省に広い人脈をもつ志賀と、大学総長としての浜尾との支援

＊**演習林**　大学や高校において、林学・林業に関する教育・試験・研究のために管理運営している森林のこと。木材生産による収入源としての意義もある。

＊**大学南校**　東京大学の前身。江戸幕府が設置した洋学教育機関・洋学調所を拡充し、改称した開成所を、明治２年（１８６９）に大学南校と改称したもの。西欧文化の導入に努め、洋学の源流となった。

が演習林実現の原動力となった。

本多自身は演習林の創設と運営にどのようにかかわったか。

千葉演習林（清澄演習林）第三次経営案（大正六年＝一九一七）には次のように記されている。「明治二十五年十二月本学本多助教授学生（石田半四郎・白沢保美・小出房吉他）実習指導のため、鹿野山より奥山を経て、房総一帯の森林を跋渉し、偶此地に来りしが、其一部浅間山の林相は此地方の天然林の林相を有するものにして、東京附近に於ては、容易に得難き学術上甚だ適当なるを認め、帰京の後、直に演習林設置の議を起し、爾来凡二個年間志賀（農商務省技師）其他の尽力する所ありて、ついに明治二十七年十一月農科大学用地として交付せらるるに至れり。是実に農科大学演習林の嚆矢《こうし》にして、同時に吾国に於ける学校附属演習林の濫觴《らんしょう》たり」。

しかし、学内では多くの教授が「そんな広い山をもらっても、世話をする人も経費もないのに、どうするつもりか」と反対した。「それなら私が学生と一緒になって植林も管理もやりましょう」と本多は発言した。二十七歳の少壮助教授であった。

当時植林に用いる苗木は東京駒場で育て、清澄まで輸送していたので苗木は衰弱し、活*着する苗は少なかった。道行く人びとが「大

帝国大学総長　浜尾　新

＊**上地林**　江戸時代寺社の所領で明治４年に政府に返納した森林。
＊**林相（林観）**　森林の全体像を構成樹種、樹冠の粗密度、樹高、樹齢、 成長状態などによって区別する用語。最大の要因は樹種である。一般に針葉樹林、広葉樹林、針広混交林の３つに区分される。
＊**活着**　移植した植物が根づいて成長し始める状態をいう。苗木の輸送方法、輸送時間、植付土壌の性質、気象条件などに左右される。

清澄寺境内にある千年スギ（国天然記念物）

学校の先生が植えた苗木はよく枯れる」という噂を耳にして、本多は早朝、枯れた苗木を抜いて歩いた。当初は設備も常駐者もなかったから、植栽と管理は大変な苦労であった。

貴重な経験を重ねた本多は、さらに演習林の充実と発展に専念した。明治三十二年にはさらに一八三六ヘクタールを追加編入して現在に至っている。いまや「清澄」は全国各地の大学演習林の代名詞として使われ、清澄の浅間山は林学のメッカとなった。清澄演習林は現在正式には千葉演習林と呼ばれる。

本多は停年退官を間近にした大正十五年（一九二六）、造林実習日誌の緒言で、次のように回顧している。「……予浅学の乏を以て、演習林の実習指導に当ること前後三十二回、清澄山に登ること殆んど五十回、予が手植えにかかる南沢の杉林は、すでに電柱大の巨木となり、参道沿いの桜並木亦三十年来嘗て陽春の粧いを忘れず……」

本多は昭和二年（一九二七）三月停年退官

＊**間伐材**　森林の育成過程で、材木の利用価値を高め、森林の機能を維持向上させるため、樹木の密度を調節する伐採のことを間伐という。間伐作業で伐採した木材を間伐材といい、この間伐材の払い下げ代価は莫大なものであった。

して、演習林の本多時代は終わった。林学科第二講座（造林学）は中村賢太郎助教授が引き継ぐことになった。

大学演習林の設置当初には多額の経費を必要とするが、やがて樹林が成長すると、間伐*材や択伐材*による収入が返ってくる。本多は初めからこの収入を想定していた。この収入を演習林の設備充実にあてようとの声があったが、本多は大学としてより大切な支出先を見越していた。

東京帝国大学では教授停年制を実施すべきとの案が全学の総意となったが、勇退者に恩給のほかに何らかの加給をして、生活を守る制度を、作らなければならなかった。しかし、その費用がなく、停年制は永久に実現できないと思われていた。

本多は農学部出身の親友である古在由直総長に協力して、間伐材の払い下げによる多額の収入を、停年制実現の財源として提供した。これによって、大正十一年三月懸案の停年制は実現することになった。

古在総長は歴代総長のなかでも名総長の一人に数えられる。

演習林内の案内板

＊択伐材　択伐とは、林木の成長促進、森林の構成改善、稚樹の発生と成長などのため、経済的に価値ある材木だけでなく、形質不良木や成長の衰えた材木を含めて、単木的に伐採することが特徴。この作業で生じた木材を択伐材という。

❼ 六甲山系のはげ山緑化

六甲山系はおよそ二百万年前巨大な地殻変動によって隆起した部分で、その東端は宝塚市から始まり、西端は神戸市塩屋に至る五十六キロメートル、幅二～七キロメートルである。

六甲山系の森林の原形は、およそ六千年前の縄文時代に形成されたという。その後弥生～古墳時代に大陸から渡来した稲作が盛んになるまでは、六甲山系はうっ蒼とした原生林で覆われていたと考えられる。

この六甲山系がなぜはげ山になったか。その原因は長期間にわたる自然的現象と人為的仕業との両面から指摘できる。六甲山系は花崗岩から成り、それが風化したマサ（真砂）土は雨水の侵食を受け易く、しかも樹木の生育に良好な環境とはいえない。ひとたび伐採すると、森林の自己再生は容易でない。

人為的原因の具体例は枚挙にいとまがない。明治維新によって幕藩による森林管理制度が崩壊したので、山地の荒廃は一段と進行した。明治新政府は明治二十九年（一八九六）に河川法、同三十年に砂防法と森林法を制定して、ようやく国土保全の基幹法律を整備した。

六甲山系のはげ山状況は、絵図、写真、新聞記事などによって、多数紹介されてきたが、本多自身もまた明治三十二年「我国地力の衰弱と赤松」と題する論文で次のように描写した。「……六甲山系の再度山《ふたたびさん》や鉄枴山《てつかいさん》の松は、百数十年にもなるのに、人の背、腕の太さほどにもならず、地面はほとんど露出して、水源は全く涸れ、降雨のたびに土砂を流

六甲山系荒地（ロックガーデン）昭和15年頃（田村剛撮影）

出し、河床はますます高くなり、洪水旱魃《かんばつ》の害は年々ひどくなるばかり……」

さらに明治三十五年一月、布引《ぬのびき》水源地を調査する本多に同行したドイツ人講師へフェレは「これほど荒廃した山は世界中探しても類がない。万国博覧会にでも出展したらどうか」と酷評し、続けて「この荒廃は見るに耐えない。これを救うのが先ではないか」と緊急の必要性を強調した。これを受けて神戸市長坪野平太郎は砂防造林について本多に相談。

坪野は逓信省参事官であった明治二十三年本多と同じ船で欧州に留学した。

彼は三等室で冷遇されていた本多を慰め、元気づけて、「望みある身と谷間の水は、しばし木の葉の下を行く」の一句を認《したた》めてくれた。これが縁となって、二人の間は生涯固い友情で結ばれた。

第１期砂防造林計画で植林した再度山の麓の松林（塩ヶ原）

坪野は神戸市長を経て、東京高等商業学校（現・一橋大学）の第十六代校長に就任した。

坪野が神戸市長に着任した当時（明治三十四年）、六甲山系ははげ山が多く、土砂災害が続発し、上水道は不備で、伝染病がしばしば流行する状態であった。そのため砂防造林は急務であった。坪野は明治三十五年から同四十三年までの第一期砂防造林計画を本多に依嘱した。

本多の計画による造林はまず塩ヶ原（修法ヶ原）から始まり、水源地帯の再度山から布引山へと拡張していった。九年間で約六五〇ヘクタールの造林を成就した。

この造林の第一の特徴は、クロマツ・アカマツを主材木としながら、針葉樹と広葉樹、常緑樹と落葉樹を含めて、二十種を混植し、その後の育成を天然更新に委ねたことである。前述したが、ガイエル博士の造林思想がここに生かされている。二十種の選定にはこの地方に自生する樹種に加えて、砂防に役立ち、成林後は森林経営や風致的景観にも寄与するものを考慮した。クス（樟脳）やハゼ（木蝋《もくろう》）などの有用木*も加えた。

＊**有用木**　人間の日常生活に利用している樹木のこと。建築材、薪炭材、製紙原料、木製器具類の材料などとして、また、幹、葉、果実などに含まれる成分から、化学物質や医療品などを抽出するなどして、有史以前から樹木を有効利用してきた。

全山緑化された六甲山系の一部

第二の特徴は、六甲山系の森林は神戸市民のための風致林*としての機能を備える必要がある。四季折々森林は美しく、心身ともに憩いの場となり、今日的な自然公園としての機能を発揮できる森林を目指した。

このように本多はドイツで学んだザリッシュの「森林美学」の思想を受け継いだ。即ち森林は経済的収益だけでなく、住民の保健休養の場となる今日的意味の都市林としての機能を兼備する必要がある。六甲山系造林は本多の造林哲学を遺憾なく発揮した実例といえよう。

第三の特徴は健康休養林としての機能を保持させた。ドイツでは昔から「自然療法」が盛んである。樹林から発散するテルペン（精油）や微量のオゾンの混合気体は呼吸器疾患や神経系ストレスの解消に有効であると医学的に証明されている。

最後に、以上の特徴の延長上に、本多はクア*（療養）オルト（場所）構想をもっていたように思われる。現在の神戸の都市計画はその方向に進展しているようにもみえるのだが……。

＊**風致林**　景観を美しく見せる森林をいう。わが国では明治９年（1876）、名所旧跡などの景観美を高めるため風致林が法制化された。近年景観の感じ方が変化して、対象が広がってきている。

＊**クアオルト構想**　風致林や健康保養林を利用して、森林浴や自然療法を行う場合、その効果を現すには、長期間の滞在を必要とする。そのための場所がクア・オルト（Kur-Ort）である。ドイツで始まった計画で、わが国でも湯布院（大分県）や上山町（山形県）などで進行中である。

❽ 日本初の「林学博士」

本多は明治三十二年（一八九九）三月、先輩友人ら四名と同時に、わが国初の林学博士の称号を東京帝国大学から取得した。学位請求論文は「日本森林植物帯論」であった。

樹木はそれぞれ最も適した気候や土壌で成長し繁殖する。それゆえ、赤道から両極に向かって離れる（水平的）につれ、あるいは海岸より山の高きに登る（垂直的）につれて、その地に生ずる樹木の種類が異なり、また森林の形成状態を異にする。このように場所によって自然に生育する樹種や林相の異なる分布状態を森林帯あるいは森林植物帯という。

明治時代わが国の森林植物帯に言及した記

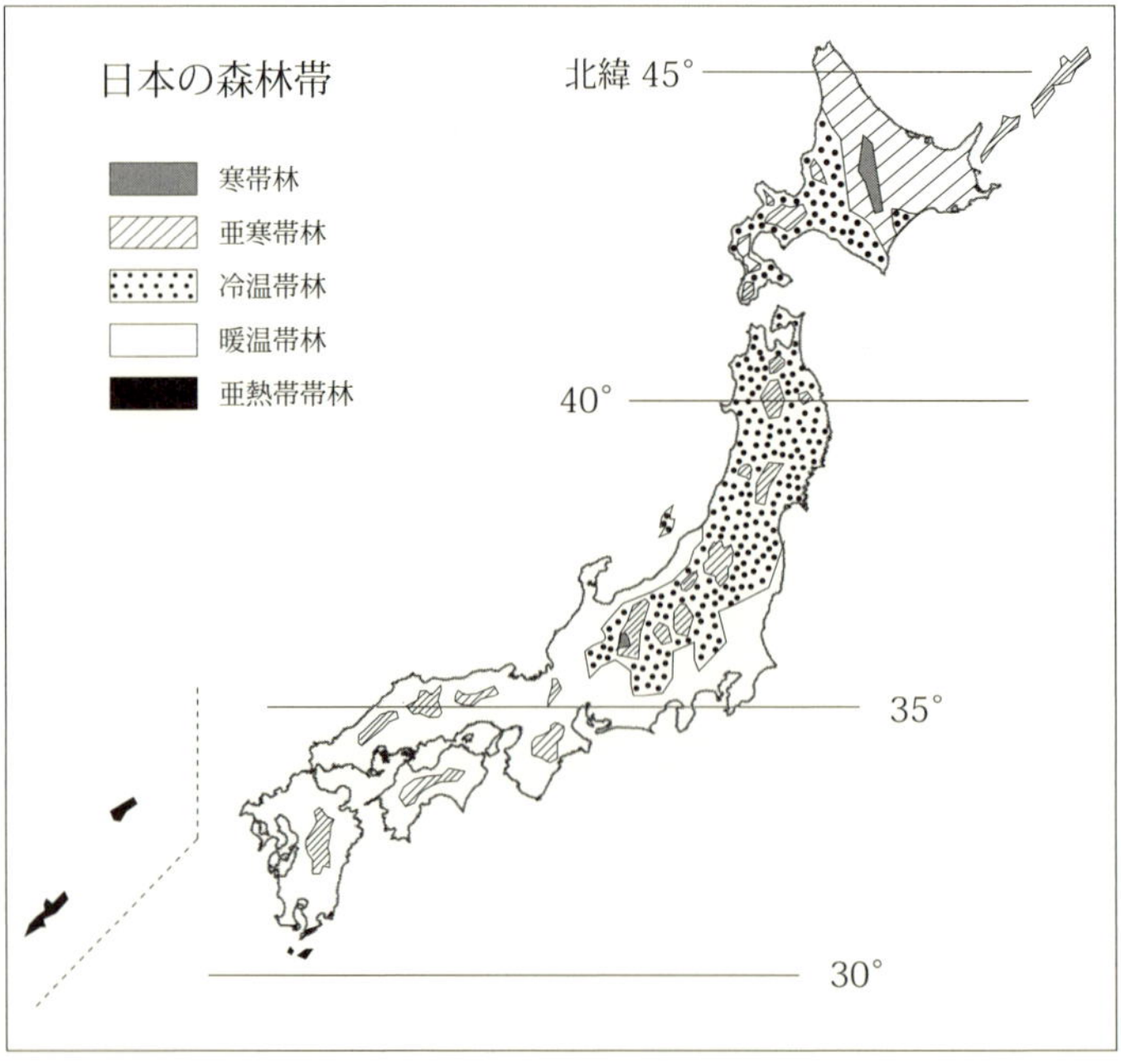

日本における水平的森林帯
（大日本山林会「日本の森林と林業」参考作図）

事は次の二件だけである。①ドイツ人地理学者ラインが滞日旅行の結果を著書『日本』第一巻（一八八一）、同英訳を「日本の植物区系の概略と日本の山岳について、その垂直的森林植物帯」（一八八四）に略記した。②中村弥六が明治十五年、ミュンヘン大学への学位請求論文の序論に、日本の森林植物区系と垂直的森林植物帯を略記した。しかし、本格的な森林植物帯の調査研究は、田中壌に至るまで皆無であった。

明治十二年から十八年まで、内務省山林局（後・農商務省山林局）は植物帯調査を実施した。当時農商務省の御用掛《ごようがかり》*であった田中壌は、山林局長武井守正から十八年中に植物帯調査を終結するよう命じられた。ほぼ一年がかりで過去六年間の本邦全域の植物帯資料をとりまとめ、十八年十二月「大日本（本州・四国・九州）植物帯調査報告書」を完成した。（34頁図参照）。

他方ドイツ人マイエルは北米調査の後、日本を訪れ、明治十九年二月から田中壌の案内で各地の森林を視察した。田中はおよそ八か月間案内した。マイエルは同二十一年東京農林学校教授として再び来日した。滞日中ドイツの狩猟雑誌に四回にわたり「日本森林便り」

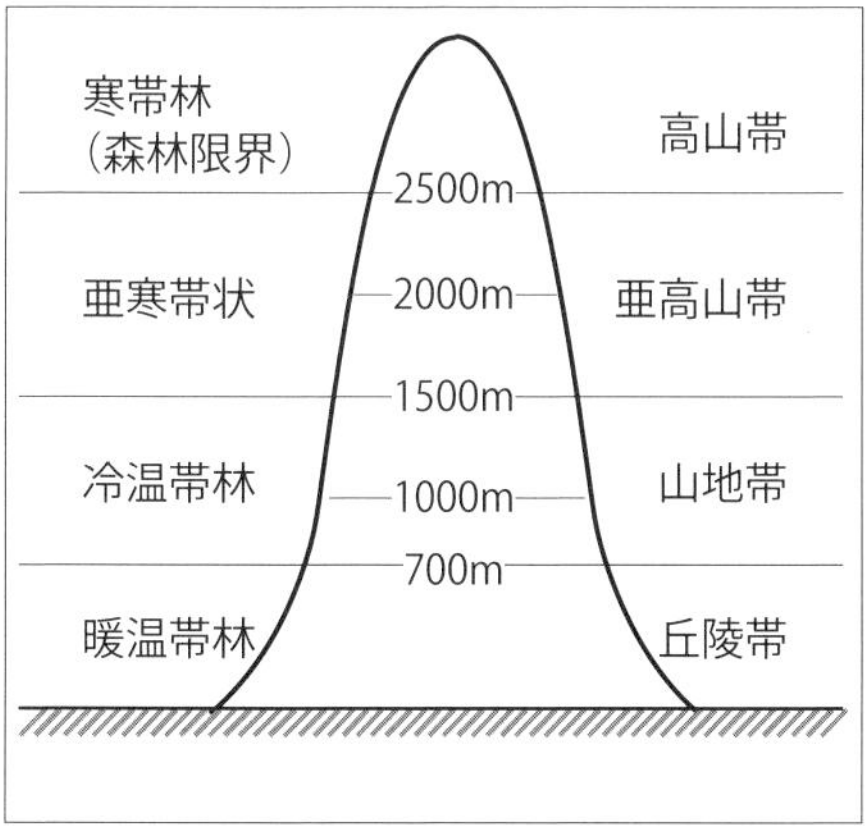

本州中部における垂直的森林帯

＊**御用掛**　旧制度で政府・高官・宮中などの命を受けて用務に従事する人。

を寄稿し、「日本の森林帯」を発表した。わが国ではこれをマイエルの「日本植物帯論」とよぶ。また彼は滞日中に印刷した名著『大日本樅科植物考』の序文中に、日本の森林帯を略記した。マイエルは北半球全域の森林帯の区分を試み、わが国の森林帯の位置づけを提供した。とくに、樹木の夏期成長四か月の気温を重視して、各地域の森林帯の対比を試みた。（図参照）。

本多は北海道から台湾まで、田中・マイエル両人が行かない所まで調査して、日本の森林帯を次の四帯に区分した。

第一、熱帯林またはガジュマル帯。沖縄本島の中央以南。気温21℃以上の地。

第二、暖帯林または亜熱帯林あるいはカシ帯。北緯35度以南。気温13～21℃の地。

第三、温帯林またはブナ帯。前帯以北の本州全部及び北海道西南部。気温6～13℃の地。

第四、寒帯林またはシラビソ・トドマツ帯。北海道北東部。気温6℃以下の地。

本多は明治三十三年「日本森林植物帯論」を発表して、その中で田中・マイエル両人の森林帯論を次のように批評している。

田中壌氏の調査報告書は最も周到で、材料も豊富であって裨益《ひえき》するところ極めて多いけれども、惜しむらくは、林学上の知識を欠き、今日の林学上非難されるべき点が多く、かつ調査は本

田中 （日本植物帯調査報告）	マイエル （大日本樅科植物考）	本多 （日本森林植物帯論）
1. ガジュマル帯	1. 熱帯林	1. 熱帯林またはガジュマル帯
2. クロマツ帯	2. カシ及びクスの暖帯林	2. 暖帯林またはカシ帯
	3. 落葉濶葉樹の温帯林	
（間帯）	a. クリ帯	
3. ブナ帯	b. ブナ及びカバ帯	3. 温帯林またはブナ帯
4. シラビソ帯	4. カラマツ及び シラビソの寒帯林	4. 寒帯林または シラビソ・トドマツ帯
5. ハイマツ帯	5. ハイマツのアルプス帯	

田中、マイエルおよび本多の森林植物帯区分の比較

州・四国・九州の三つに限り、台湾、琉球、北海道を含まず、完全なものとはいえない。

マイエルの報告はその観察広く、北海道・琉球にもわたり、かつ多くの林学上の学理に適合するものであるが、日本の言語を理解するのに困難な結果、その調査不完全で、材料また僅かで、その報告書も僅か数頁にとどまり、台湾の森林は全く記載していない。これでは完全な日本森林帯とはいえない。

以上のように、本多は両氏の研究を批評し、自己の叙述の多いことを誇り、所説のはるかに勝ることを自ら強調している。

最後に、本多の「日本森林植物帯論」はどのように評価されているか。

長池敏弘《ながいけとしひろ》（林野庁）は次のように批評している。


今日、本多の森林帯論は、林学会や植物学会の常識として公認されているが、彼の所論は田中壌の報告書の豊富な材料と、マイエルの学理を参酌*し導入して初めて得られたものである。このことは、三者の植物帯区分の名称や区分方法の相異にもかかわらず、これら植物帯区分を比較考証すればさらに明らかになるだろう。

本多の植物帯論に深く立ち入ることは本書の目的に沿わないので割愛するが、本多の植物成長期における平均気温によって区分する方法は、マイエルの説を補正したものである。したがって、「日本森林植物帯論」のなかで、いかに牽強付会*しようとも、本多の所論は田中・マイエル両氏の所論を集大成し、発展させたものにほかならない。

＊参酌　照らし合わせること。
＊牽強付会　自分の都合のいいように、強引に理屈をこじつけること。

9 赤松亡国論

古来わが国では松は鶴亀とともに松竹梅として、めでたいものの代表として、日本人の心と生活の中に広く深く根付いている。この松がなぜ本多静六の名と結びついて、亡国の汚名を着せられることになったのか。

その発端は本多が明治三十三年（一九〇〇）に発表した「我国地力の衰弱と赤松」と題する論文にあると、後世の人びとは指摘する。

本多の回想によれば、高山樗牛《ちょぎゅう》*から「あの論文を私が主宰している雑誌「太陽」に〈赤松亡国論〉の標題で掲載したい」と言ってきた。ところが、明治三十三年から高山樗牛が他界する同三十五年十二月までの「太陽」を

465　東洋學藝雜誌第二百三十號

○我國地力ノ衰弱ト赤松

林學博士ドクトル　本多静六

古の風流人が

十八公榮霜後露　一千年色雪中深

常盤なる松のみとりも春くれは

今一しほの色増りけり

ト詠ジタルハサシモ目出度松ノ樹ガイトモ忌マシキ我國地方ノ衰弱…果テハ亡國ノ徴タル所以ヲ論述セザル可ラザルニ至テハ科學ハ實ニ沒風流ナルモノカナ不幸我輩天下ノ山水ヲ跋渉スル愈多クシテ又益々此ノ沒風流漢タラザルヲ得ザルモノアリ悲シマザルベケンヤ

抑モ赤松ノ繁殖タル實ニ土地利用法ノ不合理ナルニ因ルモノニシテ國土ノ地力愈々衰頽スルニ従ヒ漸ク他ノ樹木ヲ滅ジテ益々赤松ノ増加ヲ見ルニ至ルベシトハ已ニ泰西林學者ノ稱道スル所ニシテ決シテ余輩ノ創説ニアラズ而モ今日ノ學理ト實際ハ彌々其確實ナルヲ證ズルモノナリ

○我國地力ノ衰弱ト赤松

「我国地力の衰弱と赤松」（東洋学芸雑誌第230号）

＊**高山樗牛**（1871-1902）　文芸評論家。山形県出身。東京帝国大学哲学科卒業後、高等学校教師を経て、博文館に入社。雑誌「太陽」の主筆となる。『滝口入道』『わが袖の記』その他多くの評論を残した。肺結核のため32歳で死去。

調べると、この本多の論文の紹介も赤松亡国論に関する記事も見当たらない。この事実は深作哲太郎（茨城県林業試験場長）も昭和五十四年に「林業技術」の中で指摘している。これはいったいどういうことか。恐らく高山の手落ちと本多の未確認によると思われる。まずは当時の本多論文の要旨を紹介する。

赤松は代表的な陽樹の一種で、生育環境が劣悪な地にも耐えて生育する。具体的には、山火事、乱伐、枯葉枯枝の過度な採集などの人為的災害、火山の噴火その他の自然災害などのよって生じた乾燥地や養分欠乏の地力衰弱地に赤松はいち早く侵入する先駆樹である。林内の落葉採集は肥料を与えずに農作するのと同じで、地力の衰退を招くことは論を俟たない。赤松の繁殖は地力衰弱の証拠である。

さいたま市大宮公園の赤松林

東京以南の森林を調査すると、広葉陰樹林から陽樹の雑木林を経て、赤松林への林相の遷移が認められる。しかし、この赤松林は地力衰弱地にあるから、百年経っても幼樹ほどである。これらは中国地方の諸山で散見される。

赤松の増殖はわが国だけの現象ではなく、欧州諸国でも同様である。これを救済する策は、赤松の増殖を制して、陰樹林を構成することである。赤松の繁殖は古来風流子がいうような目出度い現象ではなく、地力の衰弱を証するもので、悲しむべきことである。

以上、わが国の山林地の衰弱に対して、世人の注目を喚起する目的の警世的論文である。

上野英三郎*は明治三十五年一月号の「太陽」に「赤松は亡国の樹」と題する論評を発表した。

館林市多々良沼公園の赤松林

……松の跋扈《ばっこ》は博士のいう通り、地力の衰頽《すいたい》の証拠で、亡国の兆をなすものに相違ない。しかしこれは松の罪ではなく、人の罪である。松は林地がすでに荒廃して、他の林木が生育できない荒地でもよく生育し、あるいは荒廃した林地を回復するのに適した樹種である。松をどうして憎むことができようか。しかも人の罪をとがめず、赤松を憎むべしとして、直ちに赤松を撲滅しようと決めて、かりにも伐採するようなことは、その罪は益々大きなものである。松は亡国の兆であるが、この兆を招いたのは人の行為である。それは林業思想が欠けていたからである。……

上野も何度も強調しているように、松自身が亡国へ導く力を持っているのではなく、松さえ繁殖できるほど荒廃した林地をもたらし

＊**上野英三郎**(1872-1925)　農業土木学者。とくに耕地整理の大家。三重県出身。東京帝国大学卒業後、ドイツ、フランスに留学。農科大学教授となる。忠犬ハチ公の飼い主としても知られる。

た人間の行為が亡国への根源である。本多の論文の真意もまたここにある。

　次に、明治三十五年三月号の「太陽」に「＊熊沢蕃山《くまざわばんざん》の林政と治水策」と題する市島直治の論文の第七節に「蕃山の松之説と赤松亡国論」という論述がある。蕃山は山林の治山治水作用にすぐれた卓見をもち、松樹の性質についても正確に察知し、それは当時の欧州における植物生理生態学の学理と矛盾がなく、本多の論文の内容とも符合した。

　市島論文の内容もまた、

　　赤松の大繁殖は人間の貪欲と不謹慎の結果である。このまま赤松を放置すれば、地力はさらに減少し、遂には赤松さえ生育できない不毛の地になる。

　この論文で注目すべきは、本多論文に対して「赤松亡国論」という呼称を用いたことである。本多の論文中にはこの語句はない。市島論文がこの語句を公用した最初であろう。

　その後、赤松亡国論に関する議論は＊甲論乙《こうろんおつ》駁《ばく》多くの論述が発刊されて、林学界や林業界を賑わせた。本多論文に反対するものの多くは、感情的であり、赤松に対する思い入れから出たと思われ、論文の真意を十分理解していないことから生まれたようだ。

　ある地方の富豪は四十ヘクタールもの赤松林を、赤松を国を危くするとして皆伐した。またある小学校長は校庭の赤松の大樹を伐り倒した。本多はこれらの事例を聞くにつけ閉口した様子であった。

　時が流れるにつれ、学会でも一般社会でも「本多の赤松亡国論」の語句が定着し、この流れに乗って、本多自身の「私の赤松亡国論は…」という表現が散見されるようになった。

＊**熊沢蕃山**（1619-1691）　江戸時代前期の陽明学者。京都生まれ。中江藤樹の門に入り、学問を収めた後、岡山藩主池田光政に仕えた。治山・治水、とくに大洪水とその後の飢饉対策などに大きな成果を上げた。しかし中傷や批判する者もあって隠退し、著述に専念。『大学或問』などがある。

＊甲乙論駁　甲の人が論ずると、乙の人がそれに反対するというように議論がいろいろあって、まとまらないこと。

⑩ 鉱毒・煙害調査委員として

わが国では明治二十七年（一八九四）頃から鉱毒が社会問題になり、栃木県選出の代議士田中正造*は、鉱毒問題を国会でとり上げた。鉱毒の発生が足尾*銅山に起因することは疑いない事実であった。足尾銅山は慶長十五年（一六一〇）発見以来、採鉱を続け、元禄時代（一六八八―一七〇四）には年間の銅生産量は四十五万貫（一貫＝三・七五キログラム）に達していたが、渡良瀬川下流にまで鉱毒の害を及ぼすことはなかった。

ところが明治十年代に入ると、銅の需要が増大し、西欧から採鉱機械を導入して、明治十五年には年間一千万斤（一斤＝六〇〇グラム）の産出量に達した。しかも①坑内からの排水や洗鉱に用いた廃水を河川に放流し、鉱毒予防上の注意と設備を欠いていた。②また鉱業の発達に伴い木材薪炭の需要が増大したため、僅か十数年間に渡良瀬川水源地の約一万町歩の森林を伐採した。その上熔鉱・焼鉱で発生する亜硫酸ガスSO_2や煙塵によって、樹林は荒廃し、はげ山となった。③これに加えて、当時渡良瀬川両岸の堤防は極めて不完全で、堤防の無い所も少なくなかった。

当時足尾地方の国有林は一万三千町歩といわれ、その大部分は濫伐と煙害及び野火によってはげ山または無立木地《むりゅうぼくち》*と化した。これ

＊**田中正造**（1841-1913）栃木県出身。政治家、社会運動家。明治 13 年栃木県会議員に当選。明治 23 年第 1 回衆議院議員に当選。以後、明治 34 年まで毎回当選したが、この間に足尾銅山鉱毒被害は深刻化し、田中は、厳しく政府を追及。彼は、議会、政党に絶望し、辞職。同年、鉱毒被害を明治天皇に直訴した。

は元禄の頃、足尾の山林を皆伐した結果である。その後、鉱山が衰退するに伴い山林は少しずつ回復し、明治初期にはうっ蒼とした森林に復活した。しかし、明治十七年に鉱山の良脈が発見されるや再び森林伐採を繰り返されることになった。

廃墟と化した旧足尾銅山製錬所

鉱毒問題について、田中正造の議会活動や被害民のデモなどが起こったため、政府内に鉱毒調査会が設けられ、明治三十五年三月十三名の鉱毒調査委員が任命された。「鉱毒と森林」に関する分野は本多と村田重治（営林技師）が担当することになった。

足尾銅山 土砂が流入してダムは埋まりつつあった（2003 年）

＊**足尾銅山**　栃木県上都賀郡足尾町にあったわが国屈指の銅山であったが、昭和 48 年（1973）採鉱を中止した。この鉱山は江戸時代は、幕府直轄であったが、昭和初年から古河鉱業が経営。足尾銅山の鉱害事件はわが国公害の原点といわれる。

＊**無立木地**　その土地に生育している個々の樹木、またはその集団がない土地をいう。

実際の調査に当たっては、地元住民に知られないように留意した。本多と村田は粗末な身形《みなり》で出掛けたため、足利の宿屋では四畳半の薄暗い部屋に入れられた。「その夜、警察署長が私どもを嗅ぎつけて、訪ねてきてくれたおかげで、宿屋は大変赤面して、立派な部屋に換えてくれた」というエピソードがある。

本多と村田が担当した課題は①鉱煙と樹木との関係、②河川の水量と森林面積の関係、③渡良瀬川各水源地の林況及び面積の概定、などのほか五項目であった。これら調査のため、明治三十五年の三月、七月、十月、十一月の四回、足尾とその附近に出掛け、最後は日光の中禅寺に行って、そこで二週間ほど滞在して報告書を書き上げ、内閣に提出した。

足尾銅山の鉱毒調査はここだけでは済まなくなり、別子（愛媛県）、小坂（秋田県）、日立（茨城県）の各鉱山にも広がることとなった。

本多と村田は別子鉱山の調査に行くことになり、明治三十五年五月一日東京を出発して三日に新居浜港に着くと、鉱山側の艀《はしけ》と被害民側の艀がそれぞれ迎えに来てくれて、「わが方の艀に乗ってくれ」と争いになる始末であった。「われわれは公正な立場で調査する」と説明して、やっと彼らを納得させたという。

本多が鉱毒・鉱煙問題で最も記憶に残っているものは、四阪島《しさかじま》（愛媛県）鉱煙による山林被害調査であった。

明治三十三年頃から別子銅山の熔鉱炉から発生するSO_2その他の有害ガスによって、附近の田畑、山林、家畜などが大きな被害を受け、別子製錬所を新居浜の沖合の四阪島に移転させた。

ところが明治三十八年八月より製錬所が本

格的に操業を始めると、四阪島からSO_2その他の有害ガスが風に乗って四国海岸一帯に飛来し、その被害は九十余町村にわたり、その面積は二万五千町歩に及んだ。そのため被害

はげ山同然となった足尾銅山周辺の山々（2003年12月）現在も植林中

住民と鉱業主（住友鉱山）との衝突が発生した。

そこで政府は同四十一年五月再び鉱毒調査委員会を設置して調査に着手した。本多は鉱毒鉱煙の調査に際して、単に本調査の役割を全うするだけでなく、自分の専門分野以外の知識を得るよい機会ととらえ、草鞋《わらじ》・脚絆《きゃはん》の出立ちで、懸命に従事した。

四阪島煙害調査の後日譚がある。昭和十五年（一九四〇）一月十八日、四阪島煙害被害者の代表ら五名が突然本多家にやってきた。一同が言うには「……住友鉱業から出た賠償金のほとんど全部を、先生の助言通りに、造林費に使用しました。あれから三十余年、今では立派な森林に成長して、毎年多額の収入があります。住民は大変喜んでいます。これも全く先生のおかげです。一度お礼に伺わなければと……」。

⑪ 水源林の基盤づくり

今日、水道水は日常生活においても各種産業の維持発展にも不可欠である。東京の近代水道は明治三十一年（一八九八）十二月、多摩川の水を淀橋浄水場に導いて市内に配水した時に始まる。この水道水源は昭和三十一年（一九五六）までは、その大部分を多摩川・相模川水系に依存したが、水不足が深刻になったため、昭和三十二年に世界最大級の小《お》河内《ごうち》ダムを完成させ、四十年代には長年の悲願であった利根川水系の導水が実現した。

現在東京の水道水源の七〇パーセント強は利根川水系に残りは多摩川・相模川水系に依存する。

この水を有効利用するには、森林の水源涵《すいげんかん》養《よう》機能を十分に発揮させることが重要である。*森林土壌は雨水を吸収して水源の枯渇を防ぎ、雨水を一時に河川に流出して洪水となることを防ぐ機能をもつ。それゆえ、水源林の育成と管理は一日の猶予も許されないと考えた東京府知事千家尊福は、御料林と民有林を買収して、水源林の経営に着手した。明治三十四年八月のことである。

本多は東京奥多摩水源林の経営にどのように関与したか。

明治三十年頃、本多は奥多摩地方の山岳を踏査して森林調査をしていた。当時多摩川上

＊**水源涵養機能**　森林の土壌に降った雨水は地中に浸透し、ゆっくり流出する。このため洪水を緩和し（洪水緩和機能）、川の流量を安定化させる（渇水緩和機能）。また森林から流れ出る水は、清浄でほぼ中性である（水質浄化機能）。これらの機能を総合して水源涵養機能という。

流の山林は著しく荒廃して、今にも災害の発生する状態であった。この状態を千家知事に説明すると、速やかに対応してくれた。本多は同三十二年東京府森林調査嘱託の辞令を受け、水源林経営を立案することになった。

見渡すかぎり植栽され、手入れされた水源林が続く
甲州市（旧塩山市）二の瀬部落

最初の仕事は民有林を保安林に編入し、同時に水源地の大部分を占める御料林を水源涵養林として購入することであった。これらの交渉は本多の自叙伝に詳しいが、実測面積は台帳面積の十倍以上もある山林を、台帳記載の面積として購入できた。

次に泉水谷（山梨県丹波山村《たばやま》）に派出所を設け、大菩薩山北東部の高地にある天然性雑木林を伐採し、その跡地に針葉樹を植栽する計画である。この造林は経験不足も手伝って、辛酸と失敗の連続であった。試行錯誤の結果、スギ、ヒノキの造林には中小の雑木を残し、地拵え、下刈りなどを欠いてはならぬことを体験した。

本多が水源地調査の委託を受けた時、その項目には災害防止と農業用水の確保で、水道水源の確保という項目はなかった。水源涵

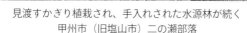

カラマツとヒノキの２層林
甲州市（旧塩山市）二の瀬部落

養という機能は森林自身の機能というよりは、降った雨が森林土壌に浸透した結果起こる現象である。無立木地をなくして森林化すれば、水源涵養は自ずから発現すると永い間考えられてきた。森林の調査研究の成果が蓄積してきた今日では、この機能の発現には樹種、樹齢、土壌、日光、雨量その他の自然条件と、人為的条件が複雑に相関していることがわかってきた。単層林*よりも複層林*が有効であることもわかって、今日ではこの方向で施業が進められている。

本多の水源林経営はまず無立木地の植栽から始まり、次にミズナラ、ブナなどの広葉樹を伐採して、その跡地にスギ、ヒノキ、カラマツなどを造林することであった。明治三十六年当時は、水源涵養を重視しなくても水需要は満たされていたから、本多が無立木地の造林による災害防止と、木材収穫に比重を置いたのも無理からぬことであった。

しかし、今日のように水源涵養が中心課題になると、広葉樹を伐採して跡地に針葉樹を植栽する本多の経営方針は批判されることになる。本多は「広葉と針葉の混交林こそ自然林」とするガイヤー博士の造林哲学をよく承

＊**単層林**　林冠が１層の森林をいう。具体的には同一種で同齢の樹木からなる人工林は典型的な単層林を示す。一般に若齢の森林にみられる。一斉林ともいい、複層林に対する語。
＊**複層林**　林冠が複層（２層以上）からなる森林のこと。すなわち、樹齢も樹高も異なる樹木で構成される森林をいう。天然ではカバノキとモミ、ヒノキとヒバなどの組み合わせで複層林がみられる。

知していたはずであるが、当時の諸々の事情を考慮すれば、彼の経営方針は止むを得なかったのではないか。

本多が責任者として携わった十余年間に、森林経営の見通しも立ち、成果が期待される段階に到達した。この頃、東京市民の水は東京市自ら責任を負うべきとの声が出て、東京市長尾崎行雄は水源林の経営に着手した。明治四十三年のことであった。

事務引き継ぎに当たって、本多は十余年間に生じた赤字を自身が弁済した。その金額は本多の年俸の三年分に相当した。高い授業料を払ったが、この体験はその後の活動に有効に生かされた。

明治三十六年頃、泉水谷に植栽したヒノキ、カラマツなどは、今日、目通り*一メートル近い美林に成長している。カラマツが根付き成長するに伴い、他の樹種の樹勢も回復する。カラマツの多量の落葉は地力を肥やすだけでなく、水源涵養作用の有効な土壌を造成した。本多の開拓者的失敗や経験があったればこそ、今日の奥多摩水源林が存在するといっても過言でない。

泉水谷大沼沢のスギの保存林

＊**目通り**　目の高さで測定した樹幹の太さ（直径）をいう。

⑫ 近代洋風公園の先駆け・日比谷公園

日比谷公園は明治三十六年（一九〇三）開園して以来百余年、この間に明治・大正・昭和という激動の時代を経過した。江戸時代日比谷の地には諸大名の屋敷があり、明治初期には兵部省*が管轄し、陸軍操練場（練兵場）となったが、同二十年青山練兵場を開設して、そちらに移転することになった。

明治新政府は首都にふさわしい市街地改正を考えていた。東京市では府知事芳川顕正を会長とする「市区改正計画」を発足させ、練兵場の跡地を公園とすることに決定した（同二十一年十一月）。芳川知事は内務大臣松方正義の承認を得て、同二十三年五月「市区改正計画」として告示し、日比谷公園の計画は正式に発足することになった。

明治二十六年一月から個人及び団体から公園設計案が提出されたが、いずれも市議会の理解は得られなかった。それらは築山泉水の和風庭園様式の要素が多かったからである。当時洋風公園を熟知し、これを造成できる人はいなかった。

公園の計画が承認されてから十年も経つのにまだ計画案が決定していないことに業を煮やした東京市参事会議長星亨《ほしとおる》は「こんな状態がいつまでも続くなら、公園用地を陸軍に返してしまえ」と一喝したという。市理事会で

＊**兵部省**　はじめ律令制で設けられた８省（中務・式部・民部・刑部・大蔵・兵部・宮内）の一つで太政官の下にあった。軍政、とくに武官の人事・訓練・兵馬・兵器などを担当した。明治２年（1869）に６省の一つとして設置され、陸海軍の軍令・軍政・軍備・兵学校などを管掌、明治５年陸軍省・海軍省の創設に伴い廃止された。

は翌三十三年「日比谷公園造園委員会」を設置し、*石黒忠悳《いしぐろただのり》、*福羽逸人《ふくばはやと》、小沢圭次郎、本多静六らがそれぞれ専門分野を担当し、主として本多案によって、公園の大要ができあがった。

　その経緯の概要は次のようである。明治三十三年の秋、本多は多摩川水源調査の嘱託として、東京市の顧問でもあった辰野金吾博士の室を訪ねた。博士は公園設計図を書いていた。本多がドイツで見た公園の話をすると、「君はそんなに公園について知っているのか」、博士は有無を言わせず、自身の代わりに本多を松田秀雄東京市長に推薦してしまった。当時本多は公園設計の経験は全くなく、不安な日夜を送ったという。

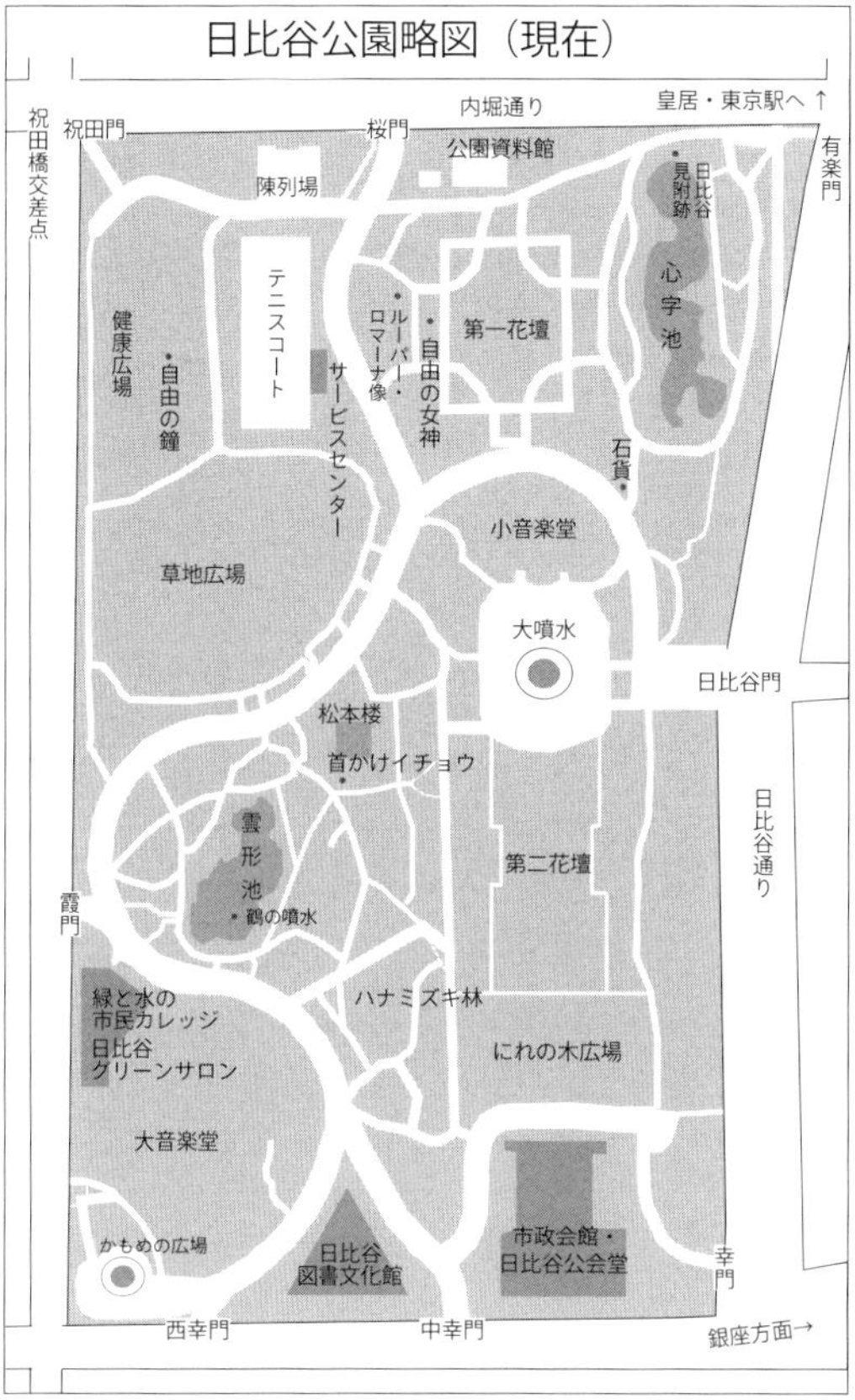

　設計に当たって、まず公園敷地四万九千坪を道路で四つに区画し、その一つは日本庭園として小沢圭

＊**石黒忠悳**（1845-1941）明治から昭和前期の医師。福島県出身。越後片貝に移り、先祖石黒家を継ぐ。文久 3 年（1863）佐久間象山の影響を強く受け、翌年江戸に出て、医学所に入り、西洋医学を学ぶ。その後、軍医制度設立に参画。以後、軍医総監、陸軍医務長となる。

＊**福羽逸人**（1856-1921）島根県出身。わが国園芸学の草分け的存在。勧農局試験場、農商務省、東京農林学校教授、新宿御苑の管理、宮中顧問官などを歴任。『福羽苺』『甲州ブドウ栽培法』など著書多数。

首かけイチョウの巨木。解説板もある

次郎が担当し、他の三区画は本多が担当した。

本多はドレスデン園芸学教授ベルトラムの「庭園設計図案」、ベンゼン市立病院遊園、コーニッツ市営公園運動場などをモデルとして応用した。設計案を市議会に提出する前に、石黒忠悳、福羽逸人、*松村任三《まつむらじんぞう》らその道の大家に見てもらい、批評と助言をいただいた。

本多の案は無修正で市議会を通過し、明治三十四年ようやく着工することになった。原案では予算は二十八万円であったが、十七万円に減額された。そこで本多は農科大学から苗木を無料同然で払い下げてもらってこれを補った。今日、図書館周辺にあるクスの大樹は、当時六十センチメートル足らずの苗木であったという。

造園にかかわるエピソードは数々あるが、なかでも有名なのは「首かけイチョウ」であろう。当時樹齢三百年の大イチョウが市区改正計画で伐採寸前であった。本多はこれを移植させてほしいと星亨に申し出た。星は確実に移植できる証拠を示せと本多に求めた。「植木屋が不可能としても、我々にはそれを可能にする学問のちからがある。私の首をかける」と本多が言ったのでこの名がある。現在も公園の主として、松本楼のテラス前で樹勢は旺

＊**松村任三**（1859-1928）　明治・大正時代の植物分類学者。茨城県出身。大学南校を経て、明治 10 年小石川植物園に勤め、後、ハイデルベルグ大学ほかドイツで植物分類学を学んで帰国。東京帝国大学・理科大学教授・植物園園長となる。わが国の植物分類学の発展に貢献。

盛である。

明治三十六年六月一日、日比谷公園は開園した。翌二日の各新聞社の記事は、好意的建設的な意見で、担当した委員や関係者の労をねぎらっている。こうして新形式と内容を備えた公園は、誰にでも自由に平等に開かれ、開放的気分で散策遊歩できる体験を持つことができた。

本多は本来林学者であるが、日比谷公園の設計施行で成功を収めたことから、その後国内では、造園分野においても、一家言をもつ人物として処遇されることになった。

旧公園管理事務所（都指定文化財）
現在は結婚式場としても使われている。
外観はいつでも見学可

開園と同時に園内に開業した松本楼は、初代小坂梅吉がてつ夫人とともに家業を盛り立て、今日の礎をつくり、高級レストランとして繁盛している。『松本楼七十年の歩み』（昭和四十八年＝一九七三）の中で、著者小坂祐弘（当時社長）は「日比谷公園成立にはさまざまな人たちが登場し、近代的公園づくりに力を尽くしているが、なんといっても松本楼の生みの親は本多静六博士である」と述べている。日比谷公園は近代化と軍事強化を急ぐ日本政府の国家的・政治的あるいは社会的・民衆的など、さまざまな事件やイベントの舞台となった。松本楼はそれらの影響を受け、その歴史は、日本近代化の縮図を反映しているといっても過言でない。

⑬ 公園設計の依頼殺到

わが国の公園開設は、明治六年（一八七三）一月十五日、太政官から示達された「太政官布達第十六号」によって始まる。

その内容は「古来景勝地で多くの人びとが集まる官有地で、しかも万人偕楽の地に公園を造るから、各府県では適地を選択して十分調査して、図面を添えて大蔵省に提出せよ」というものであった。各府県は造園に努めたが、それらは寺社の境内、城址、旧藩主の邸址などをそのまま住民に開放したものに過ぎなかった。しかし、文明開化の波は予想以上の速さで波及した。多数のお雇い外国人や西欧視察から帰朝した政府要人や文化人らは、都市公園の必要性を説き、西欧文物が少しずつ社会に浸透していった。

このような状況の中で、本多が洋風公園の第一号として日比谷公園の設計施行に成功して以来、本多は造園学者として処遇され、全国各地から公園設計の依頼が舞い込んできた。

本多の数多い公園設計の底辺を流れる基本的考えは、都市公園の開祖のイギリスの造園哲学によって始まる。

イギリスでは産業革命の発展の結果、労働者の生活環境の悪化が社会問題になり、ロンドン市議会も英国議会もこれを避けて通れなくなった。このような社会背景のもと、労働者を非衛生的老朽住宅から解放し、すべての市民が陽光の下で、自由に平等に快適な生活を楽しむ機会と場所が提供されねばならないとする人道主義が勃興した。この思想こそが都市公園の開設を促進する原動力となった。この結果、ロンドン市東部にはビクトリア公園（一八四九）、西部にはバッターシー公園（一八五九）が開設された。フランスやドイツも基本的にはイギリスの造園思想を継承したが、国民性や国状が加味されて、それぞれ独自の発展をした。

一方わが国では、本多に先駆けて西欧事情の視察や、西欧文化の洗礼を受けて帰朝した人は多い。森鷗外、片山潜、安部磯雄らは、近代都市にはそれぞれ公園が不可欠な施設であると説いた。

その理由として「公園は市民の肺臓なり、

本多静六が設計・改良設計に携わった全国各地の主な公園

＜北海道・東北＞	＜中　部＞	浜寺公園（大阪府堺市）
大沼国定公園（北海道七飯町）	村杉温泉風景利用策（新潟県阿賀野市）	箕面公園（大阪府箕面市）
春採公園（北海道釧路市）	卯辰山公園（石川県金沢市）	有馬温泉風景利用策（兵庫県神戸市）
室蘭公園（北海道室蘭市）	芦山公園（福井県武生市）	城崎温泉改良策（兵庫県豊岡市）
松島公園（宮城県松島町）	舞鶴城公園（山梨県甲府市）	奈良公園（奈良県奈良市）
温海温泉改良私案（山形県鶴岡市）	遊亀公園（山梨県甲府市）	和歌山公園（和歌山県和歌山市）
鶴ケ城公園（福島県会津若松市）	懐古園（長野県小諸市）	
	軽井沢遊園地（長野県軽井沢町）	＜中　国＞
＜関　東＞	臥竜公園（長野県須坂市）	城山公園（島根県松江市）
偕楽園（茨城県水戸市）	山ノ内温泉風景利用策（長野県山ノ内町）	広島市の風景利用策（広島県広島市）
日光風景利用策（栃木県日光市）	城山公園（長野県飯山市）	宮島公園（広島県廿日市市）
敷島公園（群馬県前橋市）	天竜峡風景利用策（長野県飯田市）	帝釈峡風景利用策（広島県庄原市）
伊香保温泉の新経営（群馬県渋川市）	岐阜公園（岐阜県岐阜市）	岩国風景利用策（山口県岩国市）
大宮公園（埼玉県さいたま市）	養老公園（岐阜県養老町）	日和山公園（山口県下関市）
飯能遊園地（埼玉県飯能市）	鶴舞公園（愛知県名古屋市）	
森林公園と奥秩父（埼玉県秩父市）	中村公園（愛知県名古屋市）	＜九　州＞
羊山公園（埼玉県秩父市）	清洲公園（愛知県清須市）	大濠公園（福岡県福岡市）
清水公園（千葉県野田市）	定光寺公園（愛知県瀬戸市）	東公園・西公園（福岡県福岡市）
南房総国定公園（千葉県鴨川市）	日本ライン風景利用策（愛知県犬山市）	帆柱公園（福岡県北九州市）
日比谷公園（東京都千代田区）	岡崎公園（愛知県岡崎市）	清滝公園（福岡県北九州市）
奥多摩風景利用策（東京都奥多摩町）		由布院温泉発展策（大分県由布市）
大磯公園（神奈川県大磯町）	＜近　畿＞	青島保護利用策（宮崎県宮崎市）
箱根風景利用策（神奈川県箱根町）	大津森林公園（滋賀県大津市）	霧島公園（鹿児島県霧島市）
	住吉公園（大阪府大阪市）	

（『本多静六博士没後五十年記念誌 日本林学界の巨星 本多静六の軌跡』埼玉県菖蒲町本多静六博士顕彰事業実行委員会編より作成）

＊大宮公園西入口付近のアカマツ林（さいたま市）

以て如何にその必要なるかを知るべし」と異口同音に先進諸国の哲学を紹介した。このような公園の公衆衛生的視点は、太政官布達第十六号にもない記述であって、近代都市のモデルとして適切な規範といえる。

本多が設計施行に関与した多数の都市公園は、造形的にも造園目的でも西欧諸国の模倣といえよう。基本的にはガイヤー博士の「自然へ帰れ」の思想を継承しているが、同時にフランスの哲学者、ルソーやボルテールらの哲学「自然への回帰のすすめ」の影響を受けている。ルソーは「自然はすべて美なり。人間の手によって腐敗す」という。本多は造園に当たって、自然環境に調和しない造形や施設を極力排除した。

本多の造園歴の前半をみると、西欧の模倣であるが、大正時代末期（一九二五）以降になると、自身の人生哲学から生まれた「独立自彊《どくりつじきょう》」の境地に至り、公園は単なる物見遊山の場ではなく、これを実現する場とした。「独立自彊」とは親の遺産や他人の支援などあてにせず、自分で働いて生きることである。このためには心身の健康を増進する必要があるから、造園に当たっては、逍遥区・休養区のほか必ず運動区・教化区を設け、各区に適った諸施設を必要とすると説いた。本多の到達した造園哲学は「幸せに人生を生きるため、心身の健康増進に貢献する場」を提

＊**大宮公園**（さいたま市）　明治 17 年（1884）に開園。大正 10 年（1921）、本多静六と田村剛により「埼玉県氷川公園改良計画」が進み、本格的な公園整備が行われた。現在、桜の名所でもあり、樹齢百年を超える赤松林も見事である。

供することであった。

他方、大学内においては、明治二十三年（一八九〇）東京農林学校で福羽逸人は「園芸学」の講義を始め、庭園や造園も内容とした。その教え子に後の農科大学園芸教授の原熙《はらひろし》がいた。一方本多は日比谷公園の成功以来、「樹が一本あれば林、三本あれば森となる。林学者が公園に関与しても不思議ではない」として、造園分野に活動の舞台を広げた。

＊大濠公園（福岡市中央区）

このように、農科大学内に造園に関する林学系（本多）と農学系（原）の二グループが生まれ、ある時は険悪な状態になり、またある時は切磋琢磨する関係になった。

明治神宮の林苑づくり（⓮参照）に当たっては本多・原両グループが参加して、造園の社会的・学術的存在価値を高めた。大正三年（一九一四）本多が林学科内で「景園学」の名の科外講義を始めると、翌年農学科で原が「庭園学」を開講して、造園界の大きな話題となった。しかし、大正八年これらを調整して正式科目となり、名称も「造園学」に統一され、ここにわが国の近代造園学が誕生した。

本多のもとからは、本郷高徳・上原敬二・田村剛その他多くの俊英が巣立った。

＊**大濠公園**（福岡市）　本多静六の公園整備計画により大正 13 年（1924）に新設の公園として設計された。昭和 4 年（1929）に公園として開園。現在は福岡市美術館や遊具施設、ジョギング・サイクリング用の道路などが整備され、都心の公園として多くの人で賑わう。

⑭ 明治神宮の森づくり

明治四十五年（一九一二）七月三十日明治天皇は崩御され、御陵は京都伏見桃山に内定していたが、東京にもそれに代わるものをとの市民の声があって、渋沢栄一、東京市長阪谷芳郎、商工会議所会頭中野武営《なかのたけなか》らが協議し、「神宮の内苑は国費で、外苑は献費で造営すること」の覚書を衆議院に提出した。大正二年（一九一三）三月二十六日衆議院で明治神宮の建議は可決された。

これを受けて大正二年十二月、「神社奉祀調査会」が発足し、政財界のリーダーや学者らが任命され、造林園芸担当として本多、川瀬善太郎、福羽逸人らが参加した。同四年四月には「明治神宮造営局」が発足したので、「神社奉祀調査会」は解散した。造営局には本多・川瀬のほか原熙らが参与として、技師として本郷高徳、技手*として上原敬二が参加した。本郷はミュンヘン大学でドクトルを取得した俊英であり、上原は当時本多の院生であった。

神宮の候補地には多数の名が上ったが、諸条件を検査した結果、現在地（当時・東京府豊多摩郡代々幡村大字代々木）に内定した。

本多の研究室では神社林の理想像として、大阪府堺市の仁徳天皇御陵を考えていた。仁徳陵の墳丘の森林は密林状態の原生林で、造営以来、人手を加えた記録のない極相*状態を

*技手　技師（ぎし）と紛らわしく聞こえるので、一般的には「ぎて」とよぶ。官庁や会社などで技師の下にあって技術関係の仕事を担う者。旧制官庁では判任官（官吏の最下級）、または同等の技術者。

*極相　植物の遷移が最終段階に到達して、外見上はそれ以上変化が起こらない安定した植物群落（集団）のこと。この安定した森林を極相林という。冷温帯ではブナ、暖温帯ではタブ、シイ類、カシ類などの森林が代表的な極相林である。

維持している。本多らが考えた神宮の森は「自然の森」であり、百年後には人工の森が自然の森と見紛うほどの林相になり、しかも永遠に存続する森を造ることであった。

　このため本郷高徳は「境内林苑計画書」をまとめ、その中で樹種選定から植栽計画まで立案した。その大要は、①樹種は最もよく気候風土に適し、かつ四周より襲来する危害に耐え、永く健全なる発育をなすべきものたること。②林苑構成後はなるべく人為によりて植伐を行うことなくして、永遠にその林相を維持し得るもの。即ち天然更新をなし得るものたること。③林相は森厳にして神社林として相応しきものたること。実際上はカシ・シイ・クスなどの常緑広葉樹を主林木として、これらの下にイヌツゲ、クロガネモチ、ネズミモチ、トベラなどの常緑樹を混植する。

　実際の植栽とその後の林相の変遷は次のようである。①第一代は既存のマツ類などを利用し、それらの間にヒノキ、サワラ、スギなどを植え、さらに将来主林木となるカシ、シイ、クスなどの苗木を植栽する。②第二代の森はマツ類などはスギ、ヒノキなどに負けて枯死し、主木は交代する。第三代の森は、カ

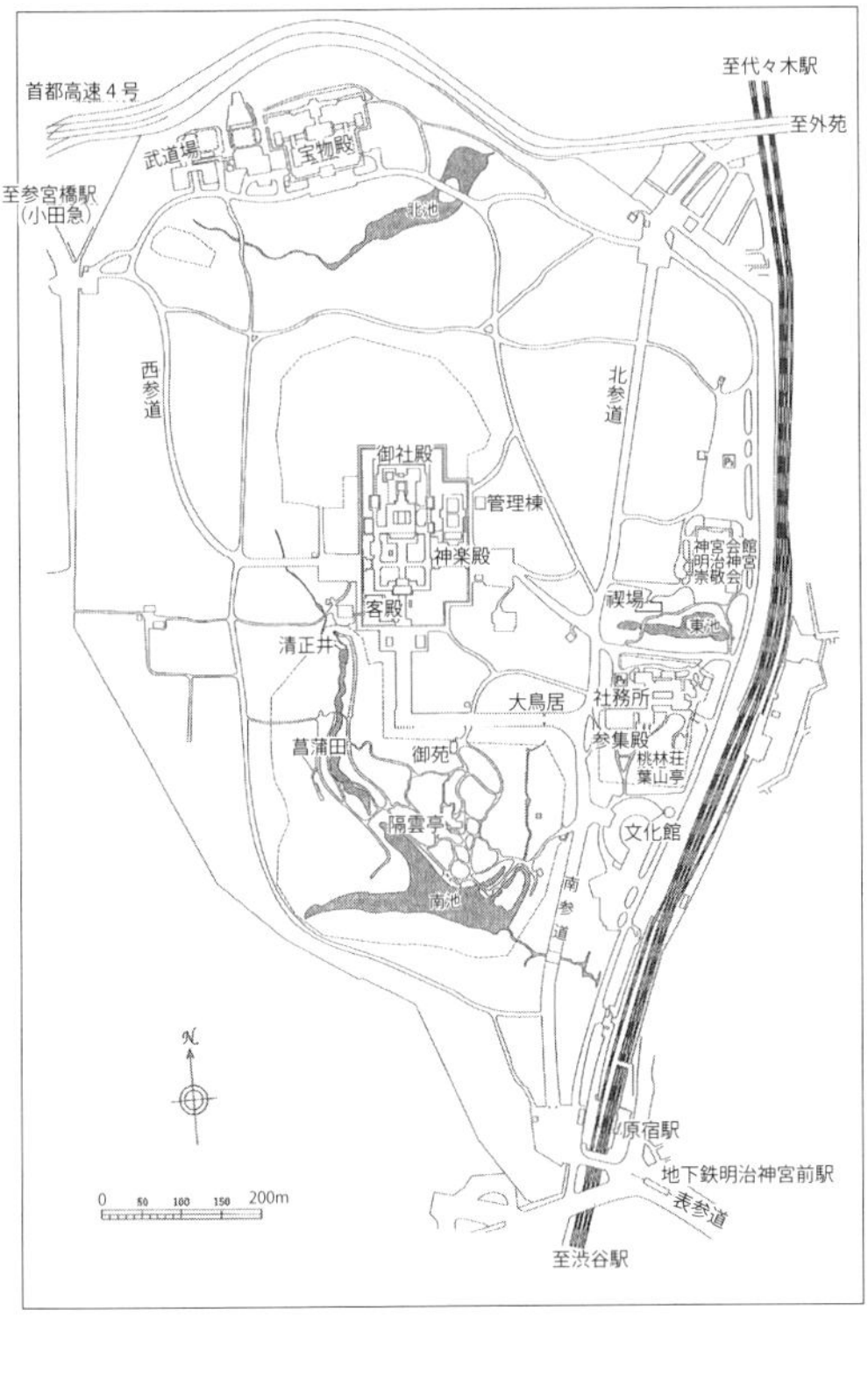

明治神宮境内図
（明治神宮提供）

シ、シイ、クスなどが成長し、ヒノキ、スギなどを圧倒して支配木となる。これら主林木の実生は成長してやがて母樹と交代し、森は永遠に持続する。

これらの植栽計画に対して反対論もあったが本多らは方針を変更しなかった。この計画が植物生態学的理論に裏打ちされていたからである。反対論の代表的なものは当時の総理大臣大隈重信で、「神宮の森は伊勢神宮や東照宮のように雄大で荘厳なスギの森にしたまえ」、「この地はスギの生育に適しません」という二人の論争はよく知られているが、本多の科学的資料による説明で大隈も渋々承知せざるをえなかったという。

こうして神宮の森の骨格を決定したが、常緑広葉樹だけでは森の形態や色調が単調化する。形態的単調を避けるためクロマツ、サワラ、コウヤマキなど、色調を豊かにするためイチョウ、エノキ、カエデ、ケヤキ、ムクノキ、シデなどを混植した。

神宮の森づくりに必要な樹木の献木計画は、初代神宮造営局長井上友一博士の創意による。募集すると全国から十万余株の申込みがあ

南参道一の鳥居　鳥居右側の後方に
河原井村から運んだというクスノキが聳える

り、さらに七百万円もの多額の献金があった。東京市の小学校*児童からも献木された。

また本多の生まれ故郷河原井村からは、大八車でクスノキが運ばれたという。

もう一つ特筆すべきは、全国青年団による奉仕活動である。品性・体力ともに優秀な青年たちが選抜されたので、労働成績は一般職人に倍する好成果を収めたという。

植栽から百年、今や神宮の森は自然林と見紛うほどのうっ蒼とした林相を呈する。ブローニュの森やウィーンの森などに比べると、その規模ははるかに小さく、歴史も浅い。しかし、神宮の森は大都市の中央部に、人工的に造成した森である。植物生態学の理論を踏まえた模範的な森である。この森の特徴の一つは、西欧の都市林よりかなり構成が複雑で、樹種が豊富なことである。植栽に当たって林相の単調化を避けるため、常緑樹と落葉樹、広葉樹と針葉樹のバランスを考えて混植した理想的な人工都市林である。世界に誇りうるものである。

第一鳥居から左手の森に入って宝物殿に向かう旧道。
人通りはめったになく、散策思索に最適の小径である

＊**児童からも献木**　児童からは 5270 本もの献木があった。この多くの木々は、今日見る南北両参道の両側にある大樹である。

⑮ 現役最後の公園設計・臥竜公園

長野市から長野電鉄で約二十分、千曲川を渡った隣町に須坂市がある。須坂町（現・須坂市）は明治以来蚕糸業《さんし》が繁盛した豊かな町であった。蚕糸業が最盛期の大正十五年（一九二六）頃、もう一つの壮大な計画が控えていた。それは、須坂町公園の開設であった。

町長松下金広は公園設計を本多に依頼した。大正十五年五月、本多は助手池辺武人と連名で、「須坂町公園設計案」を作成して、町役場に提出した。

設計に当たって本多が堅持した基本的な考えは前述した「独立自彊」であった。この造園哲学に基づいて、「須坂町公園」は臥竜山公園・鎌田山公園・南原河沿公園の三つで構成するとした。これらが完成すれば信州随一の公園として、人びとが利用するだろう。三公園は着手可能な部所から実行すればよいとした。

三公園の主要部は臥竜山公園である。鎌田山公園の鎌田山は、町中央部の東側、小学校の裏手にある小山で、この地方で眺望随一である。この地の山麓には皇太子殿下（後の昭和天皇）ご成婚記念の陸上競技場とプールがあるので、これらを併合して、運動公園とする。臥竜山の南側の南原一帯は、河川敷遊歩道として整備し南原河沿公園とする。

臥竜山は市街地の南端に孤立した小山で、善光寺平が陥没した際に東側の鎌田山から分離した山塊である。地形学的には「島山」という。臥竜山の名称は東麓にある興国寺の山号に由来するという。高さは四七一メートル、周囲二・五キロメートル、平地と頂上との差は約六〇メートルである。

臥竜山山頂にある須坂藩主の墓

明治十四年の長野県町村誌によると、「……臥竜山は一園の松木立にして、間々紫藤、つつじ等あり、風光極めて佳なり……」とある。今日でも全山をおおう数万本の老松・奇松と、山頂からの眺めはすばらしい。このアカマツ林は自然ではなく、約三〇〇年前興国寺十三代住職鶴山康雲大和尚が植林したものという。臥竜山の稜線には「根あがりねじれ松」（市天然記念物）が多い。これらアカマツ林は「日本の名松百選」にも選定されている。

本多は大正十五年四月二十三日、須坂町の招きに応じて、臥竜山一帯の調査を始めた。須坂は不案内の地であったが、松下町長はじめ公園委員のほか有志の方々の案内と助言によって、「須坂町公園設計案」をまとめることができた。

この設計案は上下二段組二十九頁の冊子で、

臥竜山のねじれ松と根あがり松（須坂市指定天然記念物）

公園各局部に特徴と変化をもたせるため、細部にまで配慮した提案である。主要工事は臥竜山周遊道路の開発、植樹、各区の施設のほか、本公園最大の目玉は「竜ヶ池」の新造成である。設計案によると、

ツツジ区の下の低地一帯に大池を掘り、ここに観音山西方の畑中を流れる用水を引き入れる。池の大きさは東西五十間、南北一二〇間とすれば舟遊びのほかボートレースも可能である。池の周辺には幅六尺以上の遊歩道を設け、南北両側には四間おきにシダレザクラを植える……

とある。元来不毛の地であったこの地を一～六メートル掘って、その土砂を周囲に盛り上げて道路兼土手を造る。池底には二十～三十センチメートルの厚さの粘土を張って水もれを防ぐ。四月二十一日着工以来九十三日、作業員延べ六五〇〇人、七月二十三日満水になった池畔で開池式が行われた。

竜ヶ池竣工の前年、昭和五年（一九三〇）に米国の経済恐慌の影響を受けて、生糸の相場は大暴落し、須坂の蚕糸業と関連産業の多くが倒産した。この大不況下で出発した公園

造成計画は、失業者の救済事業として進められた。これは極めて意義深い事業であった。池の完成直後に、池の北側に湧水地が見つかり、この地を第二池にすることにしてその造成を急いだ。八月二十三日に完成し、心字池と命名した。しかし、この池は貧弱だというので、竜ヶ池と心字池との間の土手道をとり払い、水面を拡張して中央部に臥竜橋を新設した。こうして、竜ヶ池の面積は二・四ヘクタール、美しい臥竜山の山容と松の緑が水面に映え、博物館、動物園その他の文化教養施設を併設して、今や臥竜公園は信州随一の公園となった。

竜ヶ池と臥竜橋

昭和六年九月本多は須坂を訪れて、臥竜山と竜ヶ池との調和に称賛の辞を贈り、さらに「池の西側道路にヤナギ、サクラの類を植樹すれば一層美観を添えるでしょう」と。

この意見に沿って、町民からの寄付によるサクラを植樹したのが今日見るサクラである。現在公園にはサクラ約八〇〇本、池の周囲の一五〇本のソメイヨシノは樹齢八十年を越えているので、若返りが課題である。これらは「日本さくら名所百選」に選ばれている。

⑯ 紆余曲折の国立公園設置

広大な景勝地を指定し、この地を永遠に保存するため、法律によって国立公園を設けたのは米国が最初で、その第一号はイエローストーン国立公園であった（一八七二＝明治五年）。

米国内務省発行（一九二五）の「国立公園瞥見《べっけん》」によると、「国立公園とは非常な美景をもつか、特殊な自然現象をもつか、あるいはその他異常な性状をもつために、永久に国民に使用と享楽にあてる目的で保存される地域」と定義されている。国立公園の目的は保存であって造成ではない。

わが国の明治時代には、社会も国民も国立公園設置の意識は熟していなかった。明治四十五年（一九一二）日光町長、西山真平は「日光ヲ帝国公園トナスノ請願」を第二十八帝国議会に提出して採択されたが、反響は皆無であった。その十年後大正十年（一九二一）第四十四帝国議会で野本恭八郎は富士山に関係する「明治記念日本大公園設立の請願」を提出して採択された。これに対する政府見解は「この史跡名所天然記念物として、あるいは公園として、調査して善処する」と答弁した。このため国立公園を天然記念物として保存する行政（大臣官房地理課所管）で行くのか、公園として公衆保健を目的とする公園行政（衛生局保健課所管）で進むのかに意見は分かれた。前者には三好学、白井光太郎、上原敬二らのほか、多くの博物学者が同調した。後者には本多、*田村剛《たむらつよし》、内務省技師氏原佐蔵《うじはらすけぞう》らごく少数であった。両派は感情的な対立にまで発展し、混乱した。

一方、内務省衛生局では田村剛を嘱託として、国立公園候補地の調査を続けてきた。しかし、大正十年頃から第一次世界大戦後の不況、同十二年の関東大震災による打撃で、その後国立公園設置の熱は冷えていった。

田村剛
（『明治林業逸史』
大日本山林会より転載）

このような時期にも、この運動をたえず激励していたのは本多と田村であった。さらに熊本の松村辰喜が加わった。彼は熊本の県会議長をつとめ、阿蘇国立公園の実現に打ち込んでいた。彼は上京して陳情活動も続け、活動費や旅費がなくなると、本多のところに借りに来たという。当時所管の内務大臣は安達謙蔵で、松村と同郷の熊本県人であった。

昭和二年（一九二七）大阪毎日新聞と東京日日新聞の両社が「日本八景」を選定する国民投票をしたところ、九八〇〇万通も投票があって、関係者を驚かせた。このことを知った本多は、国立公園運動を推進すべき時機が到来したと判断し、田村、氏原らと国立公園協会設立の準備にかかった。

昭和二年十二月六日、発起人会を開き、会長に熊本の細川護立、副会長に本多を推薦し

＊**田村剛**　本多と共に国立公園実現に尽力。後年、国立公園協会会長となる。

た。協会は機関誌「国立公園」を発行し、地方支部を設け、展示会や講演会など活発な運動を展開していった。

昭和四年七月浜口雄幸内閣が発足し、安達謙蔵は再び内務大臣に就任した。当時世界的経済不況は深刻であったが、本多らの国立公園設置運動の熱意はさらに燃え上がった。同年十一月、本多、田村、横山（熊本出身の評論家）、松村の四人は、麻布の安達内相邸を訪ね、国立公園調査委員会の設置を陳情した。

「新内閣は新規事業は一切やらない方針なので……」と渋る安達に対して、本多は「ここに三万円あります。これで調査委員会を発足させてもらえませんか」。「あなた方の意志はわかりました。この金はいただけませんが、なるべく速やかに善処しましょう」。こうして、昭和五年一月、国立公園調査委員会の設置が閣議決定された。五月に安達内相を会長とする調査委員会が発足した。

秩父多摩甲斐国立公園「奥秩父原生の森入口」
近くに貴重なシオジ（落葉高木）の原生林がある

ここに国立公園法制定の基礎ができ上がった。安達内相、潮次官、赤木衛生局長、伊藤保健課長らはみな国立公園の理解者であり、その実現に力を惜しまなかった人びとであった。議会関係者の間でも、次第に賛成者が多くなり国立公園法の制定は目前に迫っていた。

昭和六年三月十日衆議院本会議で法案が通過し、続いて三月二十四日貴族院本会議で可決された。こうして、国民待望の国立公園法は第五十九帝国議会で成立した。その後天皇のご裁可を仰ぎ勅令をもって施行期日を昭和六年十月一日と定めて公布された。

国立公園地の選定は、十年も前から田村剛が中心になって調査してきたが、委員の意見の相異や、利害関係がからんで決定までかなりの日時を要した。

昭和九年三月十六日第一次公園地として、雲仙、霧島、瀬戸内海の三か所、同年十二月四日第二次には阿寒、大雪山、日光、中部山岳、阿蘇の五か所が決定した。同十一年二月一日第三次指定として、十和田、富士箱根、吉野熊野、大山の四か所を決定したが、以後わが国は戦争に突入して国立公園どころではなくなった。

戦後になると、時代のニーズに応じた指定がなされ、現在では、下の表のように三十四か所が指定されている。

利尻礼文サロベツ国立公園	北海道	白山国立公園	富山県・石川県・福井県・岐阜県
知床国立公園	北海道	伊勢志摩国立公園	三重県
阿寒国立公園	北海道	吉野熊野国立公園	三重県・奈良県・和歌山県
釧路湿原国立公園	北海道	山陰海岸国立公園	京都府・兵庫県・鳥取県
大雪山国立公園	北海道	瀬戸内海国立公園	兵庫県・和歌山県・岡山県・広島県・山口県・徳島県・香川県・愛媛県・福岡県・大分県
支笏洞爺国立公園	北海道		
十和田八幡平国立公園	青森県・秋田県・岩手県		
三陸復興国立公園	岩手県・宮城県	大山隠岐国立公園	鳥取県・島根県・岡山県
磐梯朝日国立公園	山形県・福島県・新潟県	足摺宇和海国立公園	愛媛県・高知県
日光国立公園	福島県・栃木県・群馬県・新潟県	西海国立公園	長崎県
尾瀬国立公園	群馬県・福島県・新潟県・栃木県	雲仙天草国立公園	長崎県・熊本県・鹿児島県
秩父多摩甲斐国立公園	埼玉県・東京都・山梨県・長野県	阿蘇くじゅう国立公園	熊本県・大分県
小笠原国立公園	東京都	霧島錦江湾国立公園	宮崎県・鹿児島県
富士箱根伊豆国立公園	東京都・神奈川県・山梨県・静岡県	屋久島国立公園	鹿児島県
南アルプス国立公園	山梨県・長野県・静岡県	奄美群島国立公園	沖縄県
上信越高原国立公園	群馬県・新潟県・長野県	やんばる国立公園	沖縄県
妙高戸隠連山国立公園	新潟県・長野県	慶良間諸島国立公園	沖縄県
中部山岳国立公園	新潟県・富山県・長野県・岐阜県	西表石垣国立公園	沖縄県

日本の国立公園（平成 30 年現在）

⑰ 埼玉県有林と本多育英基金

本多が蓄財に励んだのにはいくつかの理由がある。その一つは、ドイツ留学から帰朝する際、ミュンヘン大学財政学の世界的権威ブレンタノ教授が、本多に贈った餞《はなむけ》の言葉である。「……貧乏生活から解放されないと、心身ともに自由が奪われて学問研究などできない。故国で就職したらまず貯蓄に励みなさい。何程かの額になったらそれを投資しなさい。日本など発展途上国では幹線鉄道会社や、山林とか土地に投資するがよかろう……」。

本多が助教授として就職したとき、年俸八〇〇円であった。しかし本多家にはもう財産はほとんどなく、家族は妻の両親のほか親戚まで抱えて十一人の大家族であったから、楽ではなかった。こんな時でも本多は俸給の四分の一を天引き貯蓄し続けた。これは家族に不自由を強いることであったが、妻は不満もいわず協力した。その甲斐あって、三年後には七〇〇〇円余の貯金ができた。

これを元手にして、日本鉄道株式会社の株五十株を買い、その後も毎年買い増して、三五〇株になったとき、日本鉄道は政府に買い上げになり、本多は払い込み金額の二倍半にあたる四万三千余円の金額を受けとった。その利子だけで毎年二二〇〇円になった。

この頃から臨時収入も増え、貯金が一万円

以上になったので、まず奥秩父の中津川の原始林四千余町歩を、土地・立木とも平均一町歩四円で買い入れ、数年間で奥秩父で八千余町歩を買い集めた。ちょうど日露戦争後の好景気であったから、立木だけで一町歩二八〇円にもなったので、数町歩の立木だけを売り、さらに農科大学が奥秩父演習林開設のため、三千余町歩を買い上げてくれたので、思いがけない大金が入った。

　これを資金にして山林経営をやろうと考えたが、大学教授の片手間にするには容易でないことがわかった。そのうえ、本多は帝国森林会長として、また国立公園設置運動のリーダーとして、山林の開発利用を奨励する立場にあったから、本多自身広大な山林を所有していては、我田引水の誹《そし》りを免れない。

　本多は考えた末、昭和五年（一九三〇）この山林全部を埼玉県に寄付し、県有林の一部として経営し、その純益の半分を年々本多育英基金として積み立て利殖してもらうことにした。その額が百万円以上になったら育英事業を始め、奨学財団をつくる条件である。この山林寄付の由来を永遠に伝えるため、旧中津川森林事務所の敷地内に、「樹徳千載」の大きな石碑がある。

　この山林は「埼玉県中津川県有林」とよばれ、初め本多が寄付した二六三二ヘクタール

山林寄付の由来を伝える記念碑

秩父大滝村にある中津川県有林（本多静六記念館蔵）

を母体として、その後隣接地の買収や寄贈などで、現在三〇一〇ヘクタールである。ブナ、カエデなどの自然林が残っていて、なかでも最奥地の大山沢のシオジ原生林は圧巻である。現在は人工林が約四〇パーセントで、ヒノキ、カラマツ、スギなどが主林木である。埼玉県ではこの美しい自然との触れ合いを通して、森林や林業について理解を深めるため、平成六年に「彩の国ふれあいの森」を開設して一般に開放した。園内には宿舎、レストラン、コテージなどが整備されている。また森林の各種探索路を開設してあるので、探索にかなった森を選択できる。本多は生前森林公園を推奨し、各地でその設計にあたった。「彩の国ふれあいの森」は本多のこの精神を継承したものとして高く評価される。

　本多育英事業の発展経過については、昭和五年十一月五日、本多静六、長男博、秘書鈴木清治の三名により、森林寄付の申し出があった。これを受けて昭和七年四月一日「中津川県有林管理条例」と「本多静六博士育英基金条例」を施行した。しかし、この県有林は当初から管理経営のための経費が多く、育英基金の積み立ては困難であった。条例施行されて十年後、昭和二十六年関係者の努力によってようやく、寄付希望条件の百万円に達したが、本多は育英事業の実現を見ることなく、昭和二十七年一月二十九日他界した。

彩の国ふれあいの森　左奥の建物は森林科学館
奥には大滝村営の宿泊施設（コテージ）がみえる
（埼玉県農林部提供）

当時の埼玉県知事大沢雄一は早急にこの育英事業の実現を指示し、同年三月二十一日県議会で議決され、四月一日施行した。こうして昭和二十九年度から奨学金の貸与が開始された。現在、審査を経て、採用されると月額三万円、入学時には別に一時金三十万円がいずれも無利子で貸与される。本多育英会は発足以来平成二十七年度までに二一七三人の学生を支援した。

本多の多年の念願であった奨学財団は一応達成できたが、敗戦という思わぬ事件により、財団のさらなる拡充と発展を援助できなかったことは、本多にとって残念至極であったろうと推察される。

⑱ 妻銈子のこと

本多静六の妻銈子《せんこ》（せん）は元治元年（一八六四）一月十一日、父敏三郎（改名後・晋《すすむ》）と母梅子（むめ）の長女として生まれた。

明治五年（一八七二）当時最高レベルで唯一の官立竹橋女学校に入学した。学業成績は常に優秀で主席で通した。

明治九年頃から母梅子とともにキリスト教信者となった。これは父晋の姉、田口せいが日本キリスト教婦人伝道者の一人であったから、彼女の影響によるものであろう。銈子は伯母を介して、アメリカ宣教師カロザース夫人や同じ宣教師メアリー・ツルー夫人から英語を学び、十四歳頃には、わが国の外交官河瀬真孝子爵夫人や公使館の通訳をつとめるほどの才媛であった。

明治十四年、十七歳のとき、海軍軍医総監高木兼寛が開設した成医会講習所（一般には海軍軍医学校という。後の東京慈恵会医科大学）に入学した。これは高木が日本女性も医師に適しているか否かを試験するために、竹橋女学校から優等生二人、銈子と松浦里子を推薦してもらったことによる。

銈子は勉学に励み、明治二十一年二十四歳のとき、医師開業試験に合格し、日本で四番目の女医となった。医学校卒業者としては最初の女医であった。

明治二十二年農科大学の学生であった折原静六を婿養子として迎え、結婚した。

翌二十三年静六がドイツへ単身留学すると、銓子は芝区新堀町（現・芝園橋附近）の広い本多邸で婦人科小児科医院を開業し、そのかたわら、慈恵医大の産婦人科に勤め、また横浜フェリス女学院で衛生学を講義するなど、職業婦人として活躍した。

本多家記念写真　後列左端が銓子、右端が静六
東京駒場の官舎にて。明治32年頃（久喜市蔵）

明治二十五年、静六が帰国して、東京駒場の農科大学助教授に就任すると、大学内の官舎に移転した。銓子は赤坂新坂町（現・港区赤坂八丁目）に新たに診療所を開設したが、子どもがふえ、家事が多くなったので、明治三十年頃診療所を閉鎖し、その後は子どもの教育と家政の整理に努めた。

銓子の父晋は弘化二年（一八四五）多賀家に生まれたが、後一橋家家臣本多家を継いだ。徳川慶喜が十五代将軍になると幕府に仕えた。

慶応四年（一八六八）正月、徳川幕府が朝敵になると、同志とともに彰義隊を組織し、後に隊の頭取となった。しかし同年二月、落馬して骨折したので隊を離れた。同志らは同年五月上野寛永寺に立てこもり、官軍と戦うがあえなく鎮圧された。

その後、隠遁生活を送っていたが、明治三年渋沢栄一の推薦で民部省に、ついで大蔵省に出仕した。明治十三年退官して、同二十一年まで横浜正金銀行の役員を務めた。退職後は上野東照宮に奉仕する生活を送り、晩年は禅や歌道にも精進した。大正十年死去、享年七十六歳であった。

晩年は和歌を詠み、歌道に精進した本多晋

銓子は、当時としては極めて「新しい進歩的女性」であったが、一方で日本古来の婦徳《ふとく》*を身につけて、「子女を立派に教育し、妻の努力次第で夫を成功させた後倒れても本懐」とする良妻賢母型の賢婦人であった。
銓子は多数の門下生の出入りを世話し、親族間の交際や雑事など一切を一人で処理した。また毎夜子供を寝かせた後は、静六の手伝いで、原稿の清書、講義案の整理、英文の翻訳、手紙の代筆などまで引き受ける状態であった。
静六は「銓子は文字通り私の半身であって、彼女の存在なしには今日の私はあり得なかった」と述懐している。
しかし、銓子は四十三歳頃から慢性萎縮腎を患い、余命三～五年と診断されていた。敬虔なキリスト教徒であったから、人のために

＊婦徳　才能を表立って見せることはせず、立居美しく、静かであり、どこから見ても、恥をかかないように振舞うことをいう。身の回りを美しく保ち、それを人知れず、広めていくこと。あるいは実行していくこと。

尽くして倒れるのは本懐と信じ、当時三人の娘（輝子・伊佐子・康子）を嫁がせ、それぞれ立派な家庭をつくって五人の孫をもうけたので、早く神の許に行きたいと言っていた。

その望み通りに、大正十年（一九二一）十二月のある夜、食卓を囲んでいたとき、突然脳溢血でうつ伏してしまい、二日後の十二月二十五日、五十七歳の生涯を閉じ、天国に召された。早すぎる死であった。

銓子の死後、静六は妻の遺志を受け継ぎ、東京女子医学専門学校（現・東京女子医大）に奨学金として、額面千円の帝国公債を寄付している。この資金の利子の半分を運用して、本多銓子奨学金を創設し、後輩女医の育成にあてるよう希望した。銓子が医学の道を中断したことへのせめてもの心配りであった。

静六は居るべき人がいなくなった淋しさに耐え兼ね、また妻の遺品を見るたびに辛くなり、仕事も手につかない日々を送っていたが、ひと時の気分転換のため、翌十一年二月第十七次海外調査に出発した。

娘婿植村恒三郎の海外留学を祝う会。本多家の2階広間にて
中列左から3人目静六、その右隣銓子。後列5人は書生
（明治45年2月2日）

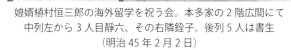

⑲ 渋沢栄一・後藤新平・北里柴三郎との交流

本多は学外で広く活動する学者であったから、官界、政界、実業界、貴族階級など多くの人びとと親交を保ち、その数は枚挙にいとまがない。ここでは渋沢栄一、後藤新平、北里柴三郎の三人との交流について、その一端を記述する。

本多は十五歳の頃、学問を志し上京した。渋沢とは同郷（埼玉県）であったから、当時東京深川福住町にあった渋沢邸の玄関番をしていた義兄藤村を頼って、渋沢家に世話をみてほしいと二度訪問した。しかし、そのたびに玄関払いにあった。「二度と渋沢の門なぞくぐるものか」と本多は固く決心した。

これから約十年後、ドイツ留学から帰朝した本多を渋沢が招待して、祝宴を催してくれた。

この席で話した欧米の鉄道防雪林事業を渋沢は早速採用し、わが国の鉄道防雪林の創設に発展したことは、前述（❺）の通りである。

本多は農科大学に就職した後、人材養成を目的とした誘掖《ゆうえき》（導き助けること）会を組織しようと埼玉県出身の財界人に寄附のお願いに廻ったら、剣突《けんつく》を食わされたり、皮肉られたり、嘲笑された。渋沢は「まず君自身が資金を出してから他人に頼め」と反撃した。そこで本多は年収の三分の一の現金を差し出した。渋沢もさすがに胸を熱くして、全面支援を約束してくれた。初代会長も引き受け、本多ともども「埼玉学生誘掖会」の発展に尽力してくれた。

以後、本多は渋沢の知恵袋として、数々のアイディアを提供したので「本多を学者にしておくには惜しい」と、渋沢は田園都市株式会社、あるいは日新ゴム株式会社の社長就任を要請し、本多を経済界に入れたいと熱心に口説いた。しかし、本多は学者を買い被っていると断っている。

渋沢　栄一

また大正八年（一九一九）本多がわが国の林業振興を目的とした「帝国森林会」を創設する際には、渋沢はその主旨に賛同して、知名の財界人を多数会員として集めるため尽力した。

本多が海外調査から帰朝するたびごとに「土産話を聞く会」を催す人びとには、渋沢のほかに後藤新平、大隈重信らがあった。本多はこれら政財界人のブレーンの一人として親交を保った。なかでも渋沢との関係は太い信頼で結ばれていた。

本多、後藤、北里、この三人の結束も固い。内務省衛生局の留学生としてミュンヘン大学に来た後藤は、初対面にも拘わらず「おれは国家社会の病を治す医学を目指しているので、財政学の権威者ブレンタノ教授を紹介し

北里　柴三郎

後藤　新平

てくれ」と言い、教授の聴講の許可をとりつけた。さらに「ドイツ語が全くわからないので家庭教師を世話してほしい」と言う。美貌の未亡人を紹介すると、週二回通っていたが、その後彼は彼女の家に住み込んだ。呆気にとられた本多も終《つい》には認めざるをえなかった。

一方、北里との初対面は、帰国の途上ロンドンにおいてであった。北里も帰国の途上で、本多と北里は同船でサザンプトンからニューヨークに向かい、さらに、バンクーバーから横浜までの船旅も一緒であった。

明治二十五年（一八九二）五月、帰朝した北里は、福沢諭吉・森村市左衛門らの支援で、芝公園五号三番地に伝染病研究所を建設することになったが、住民の反対運動が起こった。

当時衛生局長であった後藤は住民運動に対処し、工事進行を督励し、先頭に立って奮闘

＊**相馬事件**　福島県相馬市の旧相馬藩主・相馬誠胤が24歳頃から精神異常を示し、居室に監禁されたお家騒動で、明治16年（1883）頃から十余年も続いた。家令（家政、会計などの管理人）志賀直道らを忠臣錦織剛清が告発した。誠胤は医師により精神病と診断され、病院に収容された。このため錦織と相馬家との間で誠胤が死亡してからも訴訟が繰り返された。明治27年錦織は有罪の判決を受けて、決着した。錦織を支援したと疑われた後藤新平は、逮捕拘留され職を失ったが、証拠不十分で無罪放免された。

した。同研究所は明治二十七年竣工し、後藤と北里は終生知友として親交が続くことになる。

ちょうどこの頃、後藤は医学の立場から相馬事件に介入し、投獄される身となり、失職の憂き目にあった。彼は経済的に逼迫していたので、差し入れや弁護士をつけるため、本多と北里は奔走した。後藤はこのことを徳として終生忘れなかった。

無罪になり衛生局長に復帰した後藤は、大言壮語した通り順調に出世して、台湾民生長官に就任し、「台湾に来て行政を手伝ってくれぬか」と本多を勧誘した。その後も後藤は内務大臣・外務大臣を歴任し、政界で大発展した。

大正十二年、関東大震災後、後藤は復興院総裁として、「本多君、帝都復興計画を至急作ってくれ」、専門外だからと断ると、「以前君が話したバルセロナの都市計画を見本にすればよい」という。作成した四十一億の骨子案が有名な「後藤の大風呂敷案」である。後藤は本多に感謝して、復興院参与（勅任官待遇）に任命した。

今にして思えば後藤の大風呂敷を存分に広げさせてやれる程、大国でなかったことが惜しまれる。

大正十年、芝及び浜両離宮を払い下げるニュースが出ると、北里は公衆衛生と福祉増進の立場から建議書*を宮内大臣宛に提出した。この件は大きな社会問題に発展したが、本多が宮内省次官と会談して払い下げ中止の言質を得て決着した。

このような三人の信頼と友情で結ばれた親交は限りなくうらやましいものだ。

*建議書　一般には、政府、役所に意見を申し立てる文書。明治憲法下では、議会が要求願望などを政府に申し述べる文書。

⑳ 社会で得たものは社会に返す・金銭哲学と日常生活

本多が蓄財に励む動機は過去の苦しい体験の集積した結果であろう。少年青年時代を通して、靜六は常に金欠であったから、人前で恥をかき、苛められ、嘲笑され、悔し涙を流した体験は枚挙にいとまがない。これらは近因と遠因、間接的なものと直接的な原因とに分けて考察できるだろうが、ここでは事例のごく一部を挙げるにとどめる。

幼少の頃、父の急死による水行塩菜の緊縮生活を余儀なくされた体験も遠因の一つになっているだろう。

やがて山林学校に入学すると、寄宿舎で金銭の盗難事件が発生した。普段金欠である靜六が容疑者にされ、舎監の教授は白状しないと退学処分にすると強迫したが、本多は最後まで「私はやっていません」と言い続けた。後日真犯人が自ら申し出て、事件は解決したが、靜六の心にはやりきれなさと一つの決心が生まれた。

またドイツ留学の際の船旅は三等船室で、家畜のような待遇で地獄の航海であった。これも金欠のせいだ。将来金に不自由する生活はやるまいと、固く心に誓ったと本多は記している。

次に本多が蓄財に励むことになった直接的動機と考えられるのは、ミュンヘン大学の恩

師ブレンタノ教授の餞《はなむけ》の言葉の一節、
……今後も学問研究で身を立てるのであれば、まず金に不自由のない生活を確立しなさい。そうでないと心身ともに自由が束縛されて、学問や研究はできなくなる……
この忠告は本多にとって、何物にも替え難い貴重な言葉であった。ミュンヘンで苦学していた本多をみた教授の真心こもった暖かな忠言であった。

晩年の本多静六。伊東市の自宅にて

そうであったから、本多は帰朝後就職すると真っ先に、教授の指示通り、四分の一貯蓄法を実行し始めたのであった。

ドイツから帰朝の途中、北里柴三郎と同船になり、ニューヨークに着いた本多は、連日、北里の紹介で市内の研究所・大学・団体などを訪問した。北里はすでにアメリカ医学界でも超有名人であった。

滞在中、本多はアンドリュー・カーネギー（製鉄業）やヘンリー・フォード（自動車産業）ら企業の成功者の話題を耳にしたり、その関係団体を訪問した。

カーネギーは「富は神よりゆだねられた神聖なもの」との哲学をもち、フォードは「企業は奉仕機関であって、利潤追求を目的とするものではない。利潤は奉仕の結果として企業に与えられたもの」との信念をもっていた。まだ財団に組織化されていなかったが、両人とも巨額の私財を教育界、図書館、科学研究、社会事業などに寄附して、人類の福祉増進に大きな貢献を成していた。本多はこれらアメリカ大企業の指導者の崇高な哲学に接して、非常なカルチャー・ショックを受け、心中固く期するところがあった。

帰朝後、埼玉学生誘掖《ゆうえき》会を設立しようと考え、埼玉県出身の財界人を廻って寄附をお願いしたとき、どの人からも嘲笑され、侮辱軽蔑され、辱めを受け、本多は悔し涙に暮れた。やがて他人の寄附など当てにせず、私財だけで奨学財団をつくって社会貢献すると固く決心した。そして蓄財に励んだ。

当時わが国では、「武士は食わねど高楊枝」といって、金銭や蓄財の話など口にすると、その人の教養や人間性まで疑われ、軽蔑されるのが落ちであった。しかし、福沢諭吉は「修業立志篇」の中で「金銭は独立の基本」と題する文章で、「何をさておいても第一に生計の銭がなくてはならぬ」と説き、銭の効用を具体的に記した。

本多はこの文章に接して「我が意を得たり」として、誰憚るところなく堂々と蓄財に励むことになった。福沢のこの思想は本多に強烈な感銘と共感を与えた。

現実には、本多家の蓄財はほぼ零からの出発であったから、家族の理解と協力がなければ成し得なかった。楽でない節約生活に妻銓子はひと言の愚痴もこぼさず、子供たちを宥《なだ》め、家事を切り盛りしてくれた。妻の賢明な内助の功があったればこそ、本多奨学財団が実現したといっても過言でない。

この巨万の富をどう使ったか。本多は吝嗇家ではなかったが節約家であった。彼は必要最小限の財産を残して、他を全部社会に還元してしまった。社会から得たものは社会に返すという人生哲学をもっていた。「子孫に美田を残さず」を実行した人であった。

しかも本多は学士会館建設の際の多額の寄附金を疑われて、苦境に立った経験から、それ以後はすべて匿名か他人名義で社会へ寄附したのであった。

本多には美衣美食や暖衣飽食という習慣や欲望はなかったようだ。功成り名遂げた晩年でも一般庶民と何ら変わらぬ質素そのものの生活であった。

伊東市の自宅にて（昭和 26 年頃）
（『学生経』より）

中強羅の別荘の庭で。孫娘や親類と

◉人生計画総括表

期名	年齢	年数	計画 目標	計画 方法	理性と愛情（*悟道段落）	実際生活
第一、教練期 少年期（教養） 青年期（錬成）	六―一五 一六―二〇	一〇 五	人間らしく働くための準備	勉学錬成の道楽化 克苦欠乏生活の訓練 （従順・学習・錬成）	妄信―科学信 （愛情主・理性従）	三節 食・性・眠の三欲を節す
第二、勤労期 少壮期（働き盛り） 中壮期（分別盛り） 大壮期（知能盛り）	二一―三五 三六―五〇 五一―六五	一五 一五 一五	身のため、国のために働き、名利を蓄積する	職業道楽、成功、 勤倹貯蓄 （職域奉公、縦横活動）	科学信 （理性主・愛情従）	三多 多学 多働 多施
第三、奉仕期 初老期（お礼奉公時、感謝時代）	六六―八五	二〇	名利を超越して、世のため、人のために働く	名誉職、世話役 官公吏 人生指導 （奉仕的円満な活動）	科学信 （理性と愛情の調和）	四慎 慢心、贅沢、怠惰、名利を慎む
第四、楽老期 中老期（指南時代） 大老期（無為化時代）	八六―一〇五 一〇六―一二〇	二〇 一五以上	*働学併進 道楽を楽しむ	*晴耕雨読、顧問、相談役 身の上相談、遊覧指導旅行 （和顔慈顔、*光風霽月）	超科学信―霊感 （愛情主・理性従）	四快 快働 快食 快眠 快通
第五、永眠期	一二一以上	朽ちざる事蹟の墓に眠り、伝えることに生き、知らるる名に残る				

（注）この計画表は、静六が東大助教授当時作成したものを、晩年に至り、その一部を修正したものである。第四の楽老期に入った当初、静六は惜しくも計画半ばで倒れた。しかし我々人間生活の進路を示すものとして、ここに掲げた次第である。（『本多静六伝』武田正三著より）

＊**悟道**　仏の教えの真髄を悟ること。
＊**働学併進**　日々働き続けると共に学ぶことも併行して進むこと。
＊**晴耕雨読**　晴れた日には田畑を耕し、雨の日には家にこもって読書をすること。悠々自適の生活を送ることをいう。
＊**光風霽月**　心が清らかでわだかまりのないこと。

◉本多静六の家系図

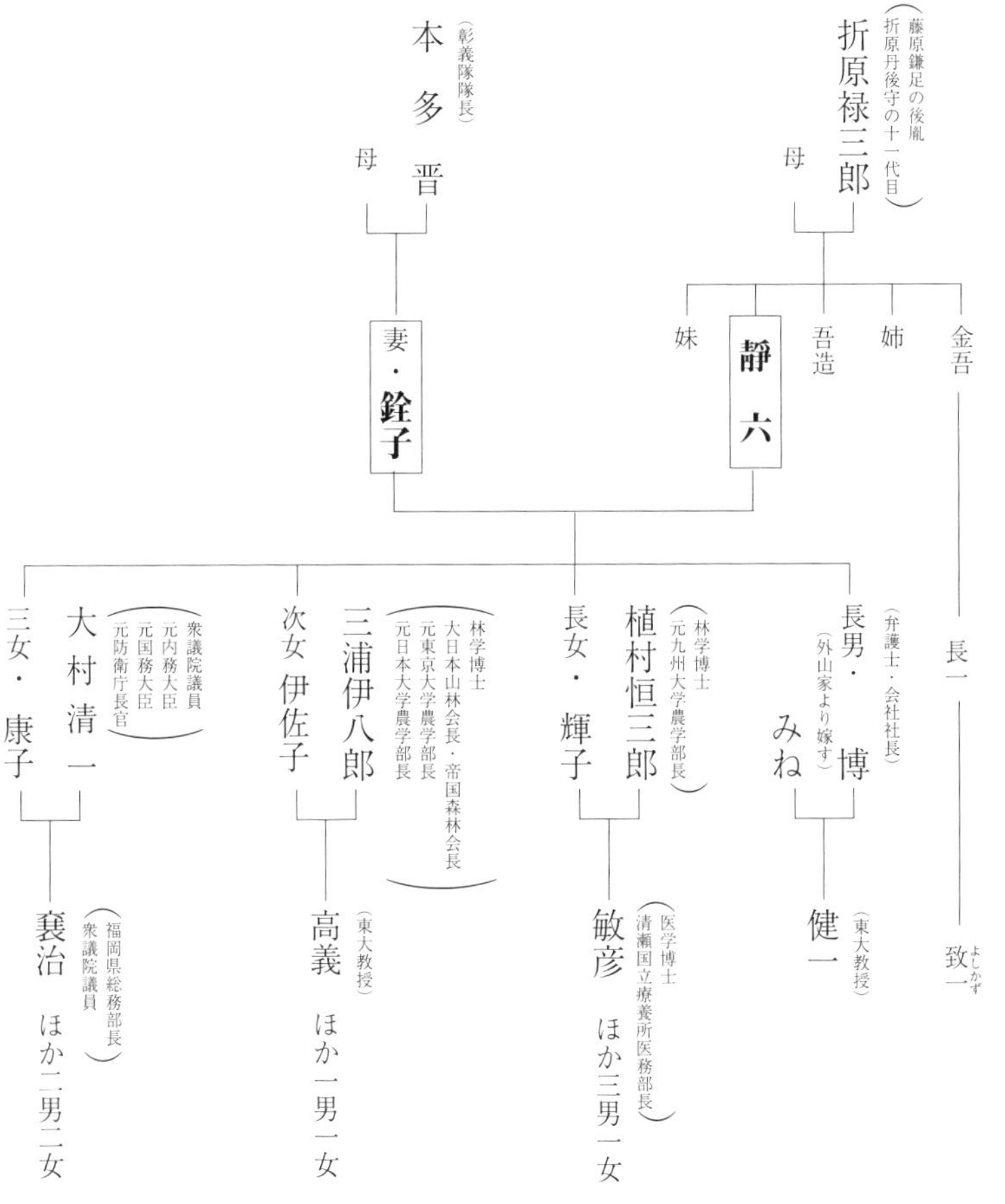
折原禄三郎（藤原鎌足の後胤 折原丹後守の十一代目）
母
本多晋（彰義隊隊長）
母
金吾
姉
吾造
静六
妹
妻・銓子
長一
致一《よしかず》
長男・博（弁護士・会社社長）
みね（外山家より嫁す）
健一（東大教授）
長女・輝子
植村恒三郎（林学博士 元九州大学農学部長）
敏彦（医学博士 清瀬国立療養所医務部長）
ほか三男一女
次女 伊佐子
三浦伊八郎（林学博士 大日本山林会長・帝国森林会長 元東京大学農学部長 元日本大学農学部長）
高義（東大教授）
ほか一男一女
三女・康子
大村清一（衆議院議員 元内務大臣 元国務大臣 元防衛庁長官）
襄治（福岡県総務部長 衆議院議員）
ほか二男二女

◉本多靜六　年譜

時代	元号	西暦		事項
少年・学生時代	慶応2	1866	0	7月2日、埼玉県南埼玉郡河原井村（現・久喜市菖蒲）の折原家に生まれる
	明治9	1876	9	父禄三郎脳出血で急逝
	明治13	1880	14	上京し島村泰氏の書生となる
	明治17	1884	17	島村泰氏に勧められ東京山林学校に入学 （のち東京山林学校は駒場農学校と合併し東京農林学校となりさらに東京帝国大学農科大学と改称）
	明治22	1889	22	元彰義隊頭取、本多晋の娘詮子と結婚し婿養子となる
	明治23	1890	23	東京農林学校を卒業しドイツへ私費留学 ターラント山林学校へ入学のちミュンヘン大学へ入学 ミュンヘン大学よりドクトルエコノミーの学位を取得
	明治25	1892	25	5月、欧米を視察のうえ帰国
大学教授時代			26	7月、東京帝国大学農科大学助教授となる
	明治26	1893	26	わが国最初の鉄道防雪林の創設に携わる
	明治27	1894	27	東京専門学校（現・早稲田大学）講師に就任 静六らの提案により千葉県清澄にわが国初の大学演習林ができる
	明治32	1899	32	わが国初の「林学博士」となる
	明治33	1900	33	東京府森林調査嘱託に就任 東京帝国大学農科大学教授に就任

大学教授時代			
明治34	1901	34	日比谷公園設計調査委員となる（東京市）
明治36	1903	36	わが国最初の洋風公園、日比谷公園が開園
明治41	1908	41	防雪防風林及び鉄道用材調査を嘱託される
大正4	1915	48	大日本山林会理事に選任される
			明治神宮造営局参与となる（内閣）
大正7	1918	52	日本庭園協会理事長に就任
大正8	1919	53	帝国森林会の理事となり同副会長に就任
大正10	1921	55	埼玉学生誘掖会会頭に就任
			12月25日、妻詮子58歳で死去
大正12	1923	56	神宮神域保護調査委員となる（宮内省）
			帝都復興院参与となる（内閣）
大正13	1924	58	恩賜公園常設議員となる（東京市）
大正15	1926	59	帝国森林会会長に就任
昭和2	1927	60	大学教授を退官（文部省、内閣）
		61	東京帝国大学名誉教授の名称を授けられる
定年後・晩年			
			国立公園協会副会長となる
昭和3	1928	61	日本庭園協会会長となる
			東京震災記念事業協会顧問となる
昭和5	1930	63	国立公園調査会委員となる（内閣）
			埼玉県秩父郡大滝村に所有の山林を県に寄贈

区分	元号	西暦		事項
定年後・晩年	昭和6	1931	64	埼玉県人会副会長となる
				国立公園委員会委員となる（内閣）
				埼玉学生誘掖会名誉会頭及び埼玉学友会名誉会頭となる
	昭和8	1933	66	栃木県名勝地経営調査委員となる
				日本庭園学会会長となる
				千葉県県立公園調査委員会顧問となる
	昭和9	1934	67	風景協会副会長となる
			68	神宮関係調査委員となる（内閣）
	昭和12	1937	70	紀元二千六百年祝典評議委員会委員となる（内閣）
	昭和13	1938	71	東照宮三百年祭記念調査会委員長となる
	昭和14	1939	72	宮城外苑整備事業審議会委員となる（東京都）
	昭和17	1942	75	静岡県伊東町（現・伊東市）に転居する
	昭和22	1947	80	静岡県伊東町教育委員会教育委員となる
	昭和24	1949	83	山林寄付の功績により埼玉県大滝村中津川に記念碑を建てられる（埼玉県）
	昭和25	1950	84	伊東市特別市法審議会委員となる
	昭和27	1952	85	1月29日、狭心症で倒れ静岡県伊東市で逝去
没後	昭和28	1953		「本多静六博士奨学金貸与条例」制定（埼玉県）
				「本多静六博士育英事業特別会計条例」施行（埼玉県）
	昭和39	1964		「本多静六博士育英基金条例」施行（埼玉県）

◉本多静六の全体像を知る文献〈参考文献〉

一　本多静六『本多静六体験八十五年』昭和二十七年（一九五二）講談社
二　武田正三『本多静六伝』昭和三十二年（一九五七）埼玉県文化会館
三　本多静六「本多静六自叙小伝」上・中・下　サンデー毎日　昭和二十四年（一九四九）九月二十五日〜十月九日号
四　本多静六「私の関係した二三の事業」明治林業逸史　昭和六年（一九三一）大日本山林会
五　中村賢太郎「本多静六先生」林業先人伝　昭和三十七年（一九六二）日本林業協会
六　中村賢太郎「本多静六先生の思い出」昭和二十七年（一九五二）山林八一四号　大日本山林会
七　遠山益『本多静六・日本の森林《もり》を育てた人』平成十八年（二〇〇六）実業之日本社
八　遠山益「本多静六の足跡」グリーン・パワー三〇三〜三二四号、平成十六〜十七年（二〇〇四〜五）森林文化協会
九　本多静六博士を顕彰する会「本多静六通信」一〜二五号　平成四年〜二十九年（一九九二年〜二〇一七）
十　日本林業技術協会編『森林・林業百科事典』平成十三年（二〇〇一）丸善株式会社
十一　林業ｗｉｋｉプロジェクト編『現代林業用語辞典』平成十九年（二〇〇七）日本林業調査会

本多静六著書

竹田正三の調査によれば、本多の著作総数は、三七六冊である。

その内訳は、代表作のいわゆる『本多造林学』は合計一九編二二冊。これを含めた大造林学書が三〇冊、一般林学書二八冊、公園庭園関係書一二六冊、全集または叢書中の分五冊、教養書五三冊、その他の著書一〇四冊である。

写真は、自書を積み重ねた横に立つ静六（久喜市蔵）。

おわりに

さきたま出版会の星野和央会長は、「埼玉県民は身近にありながら、埼玉県出身の偉大な人物になぜ関心を寄せてこなかったのか。このことを出版企画のスタートにしたい」と話していた。都の隣接県で住民移動が激しいためか、県民の多くが都内の勤務地で働き、あるいは都内に通学している。なるほど郷土愛や県民の結束力が稀薄であるように思うことはたびたびである。

一例を上げると、筆者は青少年時代の約三十年間浦和で生活した。しかし、「埼玉県歌」を聞いたことは一度もない。ところが、長野県の場合は、県内の小中高校での集会、社会人らの市町村内での集会などでは、必ずといってよい程県歌「信濃の国」を合唱して、互いに同県人であることの喜びと結束を再確認するのである。現在の埼玉県民のこの風潮は不変のものではなく、遣り様によって是正は可能であると思われる。

本文を脱稿してみて、星野会長の疑問に答えられたか、さらに出発時に筆者が誓った「読者とくに青少年をはじめ一般市民にとって魅力ある内容」を提供できたかなど、不安は少なくない。

本書を通読すればわかる通り、本多の大学内外における広範な活動のほか、退官後の人生相談など本多の生涯を通した活動範囲は常人の及ばぬものであった。この小著に本多の全生涯を活写することは、筆者の筆力でも物理的にも適わなかった。補充補正はまたの機会に満たしたいと考えている。

本多の手に成る造林造園は全国各地に存在するが、本多の名前はそれ程一般社会に知られていない。埼玉県では、「本多静六博士奨学生」を発足させ、さらに「本多静六賞」を設定し、本多の精神を受け継ぐ青少年を育成することに懸命に努めている。また生誕地久喜市の有志らは「本多静六博士を顕彰する会」を発足させ、業績の発掘と広報宣伝に努力中である。近々久喜市に「本多静六記念公園」の造成が開始される。現代に生きる人びとがこれほどまでに顕彰してくれることに、本多は草葉の陰から感謝しているに違いない。

本多自身は、自伝『本多静六体験八十五年』の終末に自省を書いている。ここに本多の自己分析の弁の一部を紹介して筆を擱く。

……私は老来自分のことをしゃべり過ぎ書き過ぎた。しかもそれには幾多の過失や失敗、その他都合の悪い事は一切後回しにしてきたので、何も知らない世間の人々は、実際以上に私を買い被って、過褒の言すら送って下さることが多くなった。……中略……この上は過去の欠点過失はそれとして、ありのままを正直に発表して、本多もやはり平々凡々な一個の人間でしかなかった、ただ割合に長生きをして広く世間をみ、人生の体験を積んで来たというだけのこと、これを皆さんによく知って頂きたい。

世間には本多以上に人生に深い体験をもつ人はいくらでもいる。ただその人たちは私のように虚名を馳せていないため、したがって偽善者でないため、その短所欠点をかくさなかったので、世間ではその人を実質よりマイナスして見過ぎている。そういう人々が本当は本多より偉いのである。

……

今日に生きる私どもは、本多静六を偶像化や神格化することなく、ありのままの本多を広く世間に知らせることが真の顕彰であろう。

平成三十年五月

遠山　益

＊本書掲載資料につきましては、埼玉県農林部、久喜市、(公社) 大日本山林会、明治神宮はじめ多くの方々にご協力をいただきました。また、一部の掲載写真につきましては、インターネット上にて再使用が許可された画像を掲載しております。

著者略歴

遠山　益（とおやま すすむ）

お茶の水女子大学名誉教授（生物学）　本多静六姻戚
昭和 5 年（1930）　福島県会津若松市生まれ
昭和 29 年（1954）　東京教育大学理学部生物学科 卒業
昭和 37 年（1962）　同大学大学院博士課程修了、理学博士
昭和 45 年（1970）～ 2 年間　カリフォルニア大学
ポストドクトラルフェローとして渡米
昭和 49 年（1974）　お茶の水女子大学助教授、後に教授
昭和 60 年（1985）　文部省在外研究員として、英オックスフォード大学へ派遣される
平成 8 年（1996）　定年退官
平成 10 年（1998）～ 16 年（2004）　聖学院大学教授
《主な著書》
『本多静六 日本の森林《もり》を育てた人』（実業之日本社）
『細胞生物学』（朝倉書店）、『図説 細胞生物学』（丸善）
『人間環境学－環境と福祉の接点』（裳華房）など多数

もっと知《し》りたい埼玉《さいたま》のひと

本多《ほんだ》 静六《せいろく》　緑豊《みどりゆた》かな社会《しゃかい》づくりのパイオニア

2018 年 12 月 20 日　　初版第 1 刷発行

著　者　　遠山 益

発行所　　株式会社 さきたま出版会
〒 336-0022
さいたま市南区白幡 3-6-10
電話 048-711-8041　振替 00150-9-40787

印刷・製本 / 関東図書株式会社
装幀 / 田端 克雄（フィールド・サイド）
編集・本文レイアウト / 菅原 昌子

Susumu Tohyama　©2018 ISBN978-4-87891-452-2　C1323

もっと知りたい埼玉のひと

A5判　96頁　定価（本体1200円＋税）

【好評の既刊！】

尾髙 惇忠■富岡製糸場の初代場長
「至誠如神」を掲げ、誠意を尽くした人物伝　**荻野 勝正 著**

北沢 楽天■日本で初めての漫画家
漫画を職業とし、ゆかりの地に漫画会館誕生　**北沢楽天顕彰会 編著**

下總 皖一■「野菊」「たなばたさま」などの作曲家
童謡・唱歌・校歌・合唱曲など約三千曲。音楽家　**中島 陸雄 著**

本多 靜六■緑豊かな社会づくりのパイオニア
明治神宮・日比谷公園・埼玉県有林などに貢献　**遠山 益 著**

【これからの予定】

塙 保己一……【近世】国学者。『郡書類従』の編集
荻野 吟子……【近代】日本の女医第一号
渋沢 栄一……【近代】日本近代経済の父
清水 卯三郎……【近代】出版・貿易商。万博開催に貢献

さきたまから武蔵国へ、
そして埼玉県に。
かつて祭政一致の都から
遠く隔つ地域であったが、
やがて鎌倉や江戸の
ほどほどの処となり、
いまや首都圏の一郭を占める。
この距離感が物語る、
わが風土は
どのような人びとを
排出したのだろうか。
人と土壌と時代に
光をあてて描く
ユニークな埼玉人物論。